AF454460

Dankbarkeit

Peter Cornelius Mayer-Tasch

Dankbarkeit

Garantin individueller und kollektiver Ordnung

Peter Cornelius Mayer-Tasch
Schondorf am Ammersee
Bayern, Deutschland

ISBN 978-3-658-51084-8   ISBN 978-3-658-51085-5   (eBook)
https://doi.org/10.1007/978-3-658-51085-5

Die Deutsche Nationalbibliothek verzeichnet diese Publikation in der Deutschen Nationalbibliografie; detaillierte bibliografische Daten sind im Internet über https://portal.dnb.de abrufbar.

Planung/Lektorat: Frank Schindler/Coverabbildung: Dorothee Mayer-Tasch
Springer ist ein Imprint der eingetragenen Gesellschaft Springer Fachmedien Wiesbaden GmbH und ist ein Teil von Springer Nature.
Die Anschrift der Gesellschaft ist: Abraham-Lincoln-Str. 46, 65189 Wiesbaden, Germany

Inhalt

A. Denken und Danken[*]
Garanten individueller und kollektiver Ordnung

Die Anregung zu diesen Überlegungen verdankt der Autor einerseits seinem Namen und andererseits dem früheren Präsidenten der Türkischen Republik Nordzypern, Rauf Denktasch (1983-2005), der ihn 1998 mit einer Delegation der Münchner Hochschule für Politik in seiner Residenz in Nicosia empfangen und zu einem Mittagessen eingeladen hatte. Da wir einen Teil unserer Namen teilten, fragte ich ihn nach der Bedeutung seines Familiennamens. Dass der Name Tasch (Taş) türkischen und letztlich persischen Ursprunges ist, und im Türkischen Fels und/oder Stein bedeutet und seine Wurzel im nordpersischen Ar-tasch (Feuer) hat, war mir bekannt, nicht aber, was das Präfix „Denk" zu bedeuten hatte. Und darüber wurde ich nun wenigstens ansatzweise aufgeklärt. Der Name, so Denktasch, bedeute „der aufrecht stehende Fels" – eine schöne Namensdeutung für eine zwar umstrittene, aber markante, in ihren politischen Überzeugungen unerschütterliche Persönlichkeit, die zu jener Zeit einen klaren Kurs steu-

---

[*] Die Seiten 7-14 folgen inhaltlich der in Mayer-Tasch, Ordnung – holder Götterfunken, Berlin 2023, auf S. 83-90 abgedruckten Miniatur

© Der/die Autor(en), exklusiv lizenziert an
Springer Fachmedien Wiesbaden GmbH, ein Teil von Springer Nature 2026
P. C. Mayer-Tasch, *Dankbarkeit*, https://doi.org/10.1007/978-3-658-51085-5_1

erte und für Zypern eine Föderation der beiden Landes-
teile anstrebte, was jedoch am Widerstand der griechischen Süd-Zyprioten scheiterte.

Mit dieser Episode hatte es zunächst sein Bewenden.
Die damalige Auskunft ging mir aber nie aus dem Sinn.
Als sich dann später die Gelegenheit fand, dem für
mich „denkwürdigen" Präfix weiter nachzuforschen,
erfuhr ich, dass es im Türkischen eine ganze Sprach-
gruppe gibt, deren Sinngehalt um den Begriff des
Gleichgewichtes kreist: *„Denklitz"* bedeutet Gleichgewicht, Ausgleich und Gleichwertigkeit, *denklem* die Glei-
chung, *denklemek* ausgleichen, ausbalancieren, *denklestir-
mek* ins Gleichgewicht bringen. Was all' diese Begriffe
verbindet, ist das Präfix *denk*, das so viel wie ‚zueinander passend, gleich' bedeutet. Dieser, türkischen Freunden zu verdankende Befund war mir zwar sehr interes-
sant, weil er einen Bedeutungszusammenhang dieser
Wortgruppe zu dem deutschen Verb „denken" erkennen ließ, die naheliegende Frage nach der direkten
sprachlichen Herkunft des deutschen Begriffes aber
schon deshalb nicht ohne weiteres beantworten konnte,
weil das Türkische – im Gegensatz zum Persischen –
nicht der indogermanischen Sprachenfamilie zuzurechnen ist, wenngleich es von persischen Sprachintarsien
durchsetzt ist, die sich in der Regel historisch erklären
lassen. Um eine sprachgeschichtlich stimmig nachvoll-
ziehbare Verbindung zwischen der um das türkische
Präfix „denk" kreisenden Wortgruppe zum deutschen
Verb „„denken" nachweisen zu können, galt es nun
also, das *missing link* zum Persischen zu finden. Und dies
umso mehr, als das Sprachlexikon „Der Große Duden"

(Bd. 7, Etymologie), Mannheim 1963) das deutsche Zeitwort „denken" ohne weitere Angaben auf die indogermanische Wortwurzel *teng* (= empfinden, wissen) zurückführt. Einen weiteren Hinweis lässt sich dem von Mustafa Nihat Özon herausgegebenen Sprachlexikon „Osmanlica/Türkçe Sözluk" (Istanbul 5. Aufl. 1973) entnehmen, das „denk" oder „deng" auch für das *Farsi*, die ursprünglich aus dem südiranischen Kernland Fars (Pars) mit der Hauptstadt Schiras stammende, im alt-, mittel- und neupersischen Reich gesprochene heutige Amtssprache im Iran, in Afghanistan und in einer Variation auch in Tadschikistan. Darüber, was „denk" oder „deng" im Persischen bedeutet, gibt dieses Lexikon allerdings keine Auskunft. Weiterhelfen konnte schließlich ein Internet-Lexikon, das *deng* in der (wohl adjektivisch und adverbial einsetzbaren) Bedeutung von „bequem", „behaglich" und sogar „gemütlich" angab.

Bei der weiteren Spurensuche fand ich auch im Sanskrit, dem gemeinsamen Wurzelgrund der indogermanischen Sprachenfamilie, zu der auch das Persische zählt, keine direkte semantische Entsprechung, immerhin jedoch statt einer Sprach- eine Sinnbrücke. Für „denken, überlegen, erwägen, wissen" steht im Sanskrit – sowohl als Verb als auch als substantiiertes Verb – „Manas" oder auch nur „Man" – ein Begriff, der in einer unverkennbaren Beziehung zur altgermanischen Rune „Man" steht, der fünfzehnten des achtzehngliedrigen nordischen Runenalphabets (Futark). Die Rune „Man" nämlich galt den Germanen als Rune der Erleuchtung, schafft mithin eine Sinn-, nicht aber eine Sprachbrücke zu „denk", „deng" und „teng".

Auch ohne Bestimmung der genauen semantischen Aszendenz lässt sich jedenfalls der Bedeutungszusammenhang zwischen dem deutschen Verb „denken" und den türkischen Wortbildungen mit dem Präfix „denk" festhalten. Und dieser Zusammenhang ist überdeutlich. Was Anderes nämlich bedeutet „denken" (bzw. to think) als den steten Versuch, die Lebenszusammenhänge, in die man verstrickt ist oder die Entwicklungen, mit denen man konfrontiert wird, in eine überschaubare Ordnung zu bringen. Indem man die jeweiligen Fakten und Entwicklungen be-denkt, bemüht man sich, sie nicht liegend und nicht schief, sondern eben im Sinne von Rauf Denktaschs Definition „aufrecht stehend" zu sehen und so mit dem in den genannten türkischen Begriffen stets angedachten Gleichgewicht der betrachteten Lebensverhältnisse auch sich selbst im inneren Gleichgewicht zu halten oder ins Gleichgewicht zu bringen. Wo nämlich hat sich das „Denken" dringlicher zu bewähren als dort, wo etwas in Unordnung bzw. ins Schwanken und Wanken geraten ist, wo die Verhältnisse (in der Betrachtung wie im eigenen Gemüt) wieder gefestigt werden müssen und Schräges aufgerichtet und begradigt werden muss. Vielfältig und allgegenwärtig sind schon im Alltag die Ordnungs- und Ausgleichsaufgaben, die sich entscheidungsorientiertem Denken stellen. In allen Lebensbereichen gibt es etwas zu bedenken, um körperlich, geistig und seelisch aufrecht stehen zu können. Auch dort, wo unausgewogenes „Denken" zu menschlichem „Dünkel" geführt hat (wobei hier schon die Pünktchen die Abartigkeit einer solchen Abweichung vom Normal- und Idealzustand signalisieren) gilt es wieder, etwas ins Gleichgewicht zu bringen. Nicht zuletzt dort hat sich die Gleichgewichtsarbeit zu bewähren, wo gegensätzliche oder überschwängliche Regungen durch mäßigende Gedanken zum Ausgleich gebracht werden müssen, um „beständig" werden und sein zu können. Und dies kann auch für Gegenständliches gelten. Auch das „Dengeln", das Zusammenziehen, Zurechtklopfen und Auswetzen einer uneben, schartig oder stumpf gewordenen Sichel oder Sense dürften in den indogermanischen Wurzelworten „ten" und „deng" ihren Ursprung haben.

Ein Wahrnehmungs- und Erfahrungsfeld, auf dem ausgleichendes Denken und daraus folgendes Handeln besonders gefordert ist, eröffnet sich aber auch dort, wo das Ungleichgewicht durch ein eindeutig erfreuliches Ereignis entstanden ist, weil man ein überraschendes oder doch in dieser Größenordnung nicht erwartetes, gleichwohl willkommenes Geschenk oder eine sonstige Wohltat erfahren hat und nun das Bedürfnis empfindet, das Gleichgewicht zwischen Geben und Nehmen wieder herzustellen, indem man – und sei es auch nur mit Worten – sein Wohlgefallen zum Ausdruck bringt. An dieser Stelle wechselt die mentale Bewegungsform des Denkens in die emotionale Wahrnehmungsform des „Dankens" und kleidet sich in die Ausdrucksform des Dankes. Den Dank für eine erwiesene Wohltat zum Ausdruck zu bringen, ist mithin nicht nur „höchst anmutig" (J.W. Goethe), sondern auch höchst notwendig um nicht nur das zwischenmenschliche Gleichgewicht, sondern auch dessen Spiegelung im eigenen Bewusstsein als Wohltat erfahren zu können. In aller Regel verletzt Undankbarkeit den Undankbaren nicht weniger schmerzlich als den ohne Dank gebliebenen Wohltäter. Auch sein Gleichgewicht gerät dann oft ins Wanken.

Wer das Verhältnis von Schenkendem und Beschenktem, von Gabe und (Dank als) Gegengabe nüchterner, d.h. eher funktional als emotional zu betrachten geneigt ist, wird sie im Lichte dessen sehen, was in der Rechtsphilosophie als *iustitia commutativa*, als Tauschgerechtigkeit also, firmiert. An der strukturellen Wertigkeit dieser Wechselbeziehung freilich ändert dies wenig. Und dies nicht zuletzt deshalb, weil Undank nicht nur einen Mangel an Selbstbewusstsein, sondern auch einen Mangel an Selbstachtung und Stärke erkennen lässt — erkennen lässt, dass der Undankbare weder die Stärke hat, eine Wohltat „aufrecht stehend" anzunehmen, noch sich ihrer durch eine angemessene Dankesgeste würdig zu erweisen. Wer „dankt" nämlich „denkt" — oder hat gedacht. Der Dichter August von Kotzebue war es, der dankbare Menschen „als fruchtbare Felder" sah, die „das Empfangene zehnfach zurück(geben)". Der Umkehrschluss liegt nahe.

Die Bandbreite der Anlässe für Dankbarkeit und mithin der Adressaten des Dankes folgt der Reichweite der mentalen Wahrnehmungs-, Erfahrungs- und Vorstellungsfähigkeit der (ihre Mitmenschen) „Bedenkenden" wie der von ihnen „Bedachten". Und auch dabei gilt es, auf beiden Seiten Mitte und Maß zu wahren, um das letztlich erstrebte Gleichgewicht zu erhalten oder (wieder-)zugewinnen. „*Kleine* Geschenke erhalten die Freundschaft" weiß ein Sprichwort. Was es verschweigt, aber unausgesprochen als potentieller Umkehrschluss mitschwingt, ist die Erfahrung, dass man sich mit großen (und seien es auch Dankes-) Geschenken in eine psychologische Gefahrenzone begibt, den Bedachten vielleicht in Verlegenheit bringt, weil sein mutmaßliches Ausgleichsbedürfnis wegen der Größe der Gabe nicht befriedigt werden kann oder gar hintergründig-eigensüchtige Absichten vermutet werden könnten. Nicht von Ungefähr mahnt daher Joachim Ringelnatz in seinem Gedicht über das Schenken: „Schenke groß oder klein/aber immer gediegen/wenn die Bedachten die Gaben wiegen/sei dein Gewissen rein." Und Entsprechendes gilt selbstverständlich auch für den Dank. Auch er muss situationsgerecht gestaltet werden, das „nach Zahl, Maß und Gewicht" der Größenordnung der Gabe und den eigenen Möglichkeiten angemessene Gleichgewicht wahren - muss „aufrecht" stehen können.

Das Gesagte gilt im Übrigen nicht nur für Individuen, sondern auch für Kollektive jeglicher Größenordnung bis hin zur Staatsgemeinschaft. Auch sie schuldet einzelnen Persönlichkeiten oder Gruppierungen, die sich in besonderem Maße für das gesellschaftliche Gemeinwohl einsetzen oder eingesetzt haben einen zumindest ideellen, falls erforderlich aber auch materiellen Ausgleich für ihr „Sonderopfer". Klassisches Beispiel hierfür ist die Fürsorge für Verteidiger des Vaterlandes in Kriegszeiten und deren Hinterbliebenen oder auch ehrenamtlich soziale Aufgaben übernehmende Bürger. Auch ihnen gebührt gesamtgesellschaftlicher Dank und Anerkennung.

Dies jedenfalls gilt für den zwischenmenschlichen Lebensbereich. Wer freilich als Einzelner das Bedürfnis verspürt, „dem Himmel" und/oder seinen Bewohnern für eine wie auch immer geartete Lebensgabe, für die Errettung aus einer Notlage oder gar für sein ganzes persönliches Schicksal danken möchte, braucht solche Erwägungen nicht zu stellen. Wie in seiner ganzen Lebensanschauung ist er auch bei der Gestaltung seines Dankes „nach oben offen", wie es der englische Philosoph Thomas Hobbes (1588-1679) einst formulierte.

Soviel jedenfalls scheint gewiss: Wo auch immer sich der soziale und geistige Standort der sich „zu Dank verpflichtet" Fühlenden (wie sprechend doch diese Redewendung!) befinden mag und wie auch immer ihre rationalen oder emotionalen Hintergrundmotive beschaffen sein mögen – vordergründig jedenfalls erfolgen ihre Dankesbemühungen in aller Regel in dem Bewusstsein und aus dem Impuls heraus, etwas aus einer Schieflage befreien, Unebenes zum Ausgleich und damit ihren Mikrokosmos wieder in Ordnung bringen zu müssen. Das Denken und das Danken verbinden sich so in ihrem letztlich unaufhebbaren Doppelsinn.

B. Dankbarkeit
Dankbarkeit als emotionales und soziales Phänomen. Eine Einführung

Wenn der dargelegte semantische und mentale Zusammenhang von Denken und Danken besteht (und es ist unleugbar, dass er tatsächlich besteht), so markiert der so bescheiden daherkommende Alltagsbegriff der Dankbarkeit einen Königsweg zu sozialem Frieden und persönlichem Glück. Nicht selten kann man beobachten, was der englische Staatsmann und Naturforscher Francis Bacon (1561–1626) notierte: „Nicht die Glücklichen sind dankbar; es sind die Dankbaren die glücklich sind." Insofern ist es auch gut nachvollziehbar, wenn Christian Morgenstern (1871-1914) Dankbarkeit und Liebe zu Geschwistern erklärt – eine Sichtweise, die sich erstaunlicherweise auch para-naturwissenschaftlich bestätigen lässt. In den äußerst aufschlussreichen Kristallbildern des Japaners Masaru Emoto (geb. 1945), in denen sich die Wechselwirkungen von menschlichem Bewusstsein und molekularer Struktur des Wassers manifestieren, erweisen sich Liebe und Dankbarkeit tatsächlich als tendenziell identische energetische Schwingungen.

Je nach persönlicher Stimmungslage kann man solche Beobachtungen einfach als atmosphärisches Geschenk

© Der/die Autor(en), exklusiv lizenziert an
Springer Fachmedien Wiesbaden GmbH, ein Teil von Springer Nature 2026
P. C. Mayer-Tasch, *Dankbarkeit*, https://doi.org/10.1007/978-3-658-51085-5_2

zur Kenntnis nehmen und so „stehen lassen". Man kann aber auch versuchen, dem Seinsgrund des emotionalen und sozialen Phänomens der Dankbarkeit auf rationalen Pfaden näher zu kommen. Dabei aber ist wieder der eingangs (Abschnitt A) thematisierte Bedeutungszusammenhang von Denken und Danken hilfreich.

Unübersehbar ist nämlich, dass jedem Lebewesen das Bedürfnis eignet, sein ihm von der Natur bestimmtes körperliches Gleichgewicht zu finden, zu bewahren oder (bei dessen vorübergehendem Verlust) wiederzugewinnen. Ersteres ist nicht zuletzt bei Kleinkindern zu beobachten, Letzteres bei Genesenden, die zuvor längere Zeit liegen mussten. Und wir Alle, die wir uns an solche Situationen erinnern, wissen, dass man sich manchmal beim nächtlichen Gang „um die Ecke" oder beim frühmorgendlichen Aufstehen erst der eigenen Standfestigkeit vergewissern muss, um ins Gleichgewicht zu kommen. In gleichem oder ähnlichem Maße wohnt aber auch jedem menschlichen Wesen die Neigung inne, sich im Verhältnis zu seiner familiären und (weiteren) sozialen Um- und Mitwelt in einem geistig-seelischen Gleichgewicht zu halten. Wem dies kontinuierlich gelingt, dem wird es auch keine Schwierigkeiten bereiten, stets aufs Neue sein inneres Gleichgewicht zu finden und zu bewahren.

Dies freilich ist leichter gesagt als getan, weil die Erwartungen des Menschen an sich selbst und an seine Mitmenschen stark divergieren können. Bleibt man zunächst an der Oberfläche, so wird man feststellen, dass man den Verkehr mit der sozialen Um- und Mitwelt je nach eigenem Befinden und konkreter Situation entweder als Lust oder als Last, als Wohltat oder als Beschwer empfinden kann und auch tatsächlich in unterschiedlichen Graden empfindet. Ist Ersteres der Fall, so lehrt die Erfahrung, dass der Empfänger einer Gunst oder Gabe das zwischenmenschliche Gleichgewicht zu seinen Gunsten verschoben sieht und deshalb im Normalfall auch das Bedürfnis verspürt, das verschobene Gleichgewicht wieder herzustellen indem er die Gunst oder Gabe mit einer Gegengunst oder Gegengabe beantwortet. Eine normative wie faktische Dialektik dies, die man – falls sie bewusst praktiziert wird – geradezu als soziale Kulturtechnik betrachten und bewerten mag.

Die Nicht-Beachtung oder gar bewusste Miss-Achtung dieser Dialektik führt in aller Regel zumindest zu atmosphärischen Störungen innerhalb des sozialen Milieus, innerhalb dessen sich diese Nicht-Entsprechung von Gunst und Gegengunst, Gabe und Gegengabe ereignet. Mit anderen Worten: Das Ausbleiben eines Dankes oder wenigstens einer verbalen oder symbolischen Dankesgeste verlängert und verstärkt zugleich den Zustand des Ungleichgewichts, was in leichteren Fällen nur zu Unmuts-Regungen oder auch Unmuts-Bekundungen führen mag, in schwereren Fällen aber als Beleidigung empfunden werden und – je nach soziokulturellem Milieu – langfristige Belastungen des betreffenden sozialen Verhältnisses zur Folge haben kann. Bewusst praktizierter Undank mag auf althergebrachte Ressentiments oder auf - aus konkreten Umständen erwachsene - Animositäten zurückzuführen sein oder eventuell auch auf eine Fehleinschätzung der empfangenen Wohltat. Zumindest im zwischenmenschlichen Verhältnis ist Undank aber zuweilen auch nur Folge einer zu Oberflächlichkeit oder Gleichgültigkeit tendierenden charakterlichen Grundhaltung, die sich dann auch in anderen zwischenmenschlichen Zusammenhängen erweisen kann.

Die ambivalente Dialektik von Gunst und Gegengunst, Gabe und Gegengabe, zuweilen aber auch von Dank und Undank, spielt aber nicht nur in interpersonalen und sozialen Beziehungen eine bedeutende Rolle; sie kann selbst in zwischenstaatlichen Beziehungen eine nicht unbeträchtliche Wirkung entfalten. Bei langandauernden guten Beziehungen kann sie zur Motivation für politische Gesten und Einzelaktionen werden oder auch zu vertraglichen Bindungen führen, die sich − je nach Situation − als Wirtschafts-, Kultur- oder Verteidigungspakte manifestieren können. Auch Staaten nämlich werden von Menschen regiert, die von Emotionen bestimmt werden - Emotionen, die auch auf die Interpretation des als Staatsräson Verstandenen abfärben und politische Entscheidungen beeinflussen können. Zuweilen äußerst sich dies auch schon in vergleichsweise marginalen Gesten. Dass die damalige deutsche als erste europäische Regierung die von Kemal Pascha begründete Türkische Republik anerkannte, führte zu langandauernden freundschaftlichen Beziehungen der beiden Länder und unter anderem auch dazu, dass sich selbst die heutige Bundesrepublik Deutschland in Ankara einer besonders reizvollen Botschaft erfreuen kann. Dass das „Dritte Reich" dem von den italienischen Faschisten (das heißt also den eigenen Bundesgenossen) angegriffenen Abessinien Waffenhilfe geleistet hatte, sollte nach der Restitution des Kaiserreichs die von Kaiser Haile Selassie stets aufs Neue bekundete deutschlandfreundliche Politik Äthiopiens begründen. Beispiele dieser Art ließen sich beliebig vermehren.

Auch wenn der Autor bewusst darauf verzichtet, neben offenkundigen Dankbarkeitsbekundungen nicht eindeutig belegbare, aber mutmaßliche Beispiele für das Gegenteil zu benennen, gehören sie zur Alltagserfahrung der nationalen wie der internationalen Politik. Obwohl jede Form von Politik und damit auch die internationale Politik von Menschen gestaltet wird, schlägt das Pendel der Dialektik von Gunst und Gegen-Gunst, Tat und Gegen-Tat, Dank und Undank in aller Regel langsamer und oft auch schwächer aus als im direkten zwischenmenschlichen Verkehr. Der Weg nämlich von einer (wie auch immer gearteten) Aktion bis zu einer politischen Re-aktion führt zumeist über viele institutionelle Hürden und wird daher auch von — zuweilen, wenn nicht zumeist, stark differierenden — Lichtquellen beleuchtet. Und Entsprechendes gilt dann auch wieder für den Rückweg von der Re-aktion auf eine erneute Aktion — ein peristaltischer Fortsetzungszusammenhang, der sich in manchen Fällen zu krisenhaften Entwicklungen hochschaukeln oder aber in eine „unendliche Geschichte" diplomatischer Demarchen und Gegen-Demarchen münden kann.

I. Dankbarkeit – das Wofür

Sucht man nach tragfähigen Gründen für eine Haltung der Dankbarkeit, so öffnet sich ein weites Feld. Vom vordergründigen Motiv – dem Ausgleich für eine von anderen Menschen erfahrenen Gunst oder empfangenen Gabe war bereits die Rede. Diese Haltung nehmen wir im Idealfall gegenüber unseren Eltern und Geschwistern, vielleicht auch gegenüber unseren schulischen, akademischen oder beruflichen Förderern wie auch gegenüber Freunden, aber auch gegenüber anderen Menschen ein, denen wir dieses oder jenes „zu verdanken" haben. Nicht zuletzt kann sich diese Dankbarkeit auf unsere Groß- und Urgroßeltern oder weitere Vorfahren richten, wenn sie dem Namen, den wir tragen „Ehre gemacht" haben und/oder wenn unsere gegenwärtigen Lebensbedingungen auf einem von ihnen nachhaltig gelegten Fundament ruhen.

Besonders weit dehnt sich das Motivationsfeld für Dankbarkeit, wenn man den Blick aus der Horizontalen löst und sich an das einem vom „Himmel" beschiedene und „geschickte" Schicksal wendet. Diesem Schicksal mag man dankbar sein, überhaupt leben zu dürfen oder aber in den – vielleicht besonders erfreulichen – Verhältnissen leben zu dürfen, in denen man lebt. Da es stets hinreichende Gründe gibt für die konkrete Lebenssituation dankbar zu sein, in der man lebt, mag diese Situation dem sozialen Status der Familie geschuldet sein, in die man hineingeboren wurde oder auch den genetischen, astrologischen oder karmischen Konstellationen, in deren Entwicklungsfeld die eigene Wiege stand. Dankbar sein mag man vielleicht auch für den Umstand, sein Leben in einer von Frieden und Wohlstand geprägten Periode leben zu dürfen, wie dies in Europa in den Jahrzehnten nach dem Ende des zweiten Weltkrieges der Fall war.

Die Ausdehnung und der Zuschnitt des Motivationsfeldes für Dankbarkeit hängt aber nicht zuletzt auch von den jeweiligen höchstpersönlichen Charaktereigenschaften ab. Wer dazu neigt, es mit der sprichwörtlichen „Sonnenuhr" zu halten und „die guten Stunden nur" zu zählen, wird auch am ehesten bereit sein, eine Haltung der Dankbarkeit gegenüber dem Leben einzunehmen. Ähnliches gilt auch für Menschen, die ihre Lebenssituation nicht als das ihnen mit Fug und Recht „selbstverständlich" Zustehende betrachten und die zugleich ausreichend Phantasie und Vorstellungsvermögen besitzen, um eine Wendung zum Schlechteren für stets möglich zu halten. Ein Gefühl der Dankbarkeit für das ihnen Beschiedene mag das Lebensgefühl solcher Menschen wärmen. Auch der Rückblick auf den eigenen geistigen und sozialen Entwicklungsweg kann zum Motivationsgrund für eine Haltung der Dankbarkeit werden. Wie oft hört man doch im Gespräch mit (insbesondere älteren) Menschen Aussagen solcher oder ähnlicher Art: „Wie froh bin ich doch, erkannt zu haben, dass…Und selbstverständlich auch Aussagen zu Fortschritten bei der Bewältigung des täglichen Lebens: „Wie gut, dass ich endlich begriffen habe, dass ich dieses oder jenes nicht mehr brauche, dass ich es endlich schaffe, dieses oder jenes zu tun oder zu unterlassen, dieses oder jenes Missverständnis aufgeklärt zu bekommen.

Erst recht bietet der Rückblick auf wenig komfortable Lebensbedingungen der eigenen Vergangenheit ein potentielles Motiv für Dankbarkeit – an die vielleicht noch erlebte Zeit des Zweiten Weltkrieges, an das Heulen der Sirenen und an das Leben zwischen Trümmern mit leerem Magen, an die Zeit ohne fließendes oder gar warmes Wasser, an die Wäsche ohne Wasch- und die Küche ohne Spülmaschine oder das Pendeln zum Arbeitsplatz mit Moped statt mit Auto oder S-Bahn. All' dies könnte Grund zur Dankbarkeit sein – wenn, ja wenn nicht nur allzu oft der Sausewind der Zeit alle Erinnerungen und damit auch die Nach-Denklichkeit als Voraussetzung von Dankbarkeit mit sich reißen würde. Und was für den Rückblick auf die – eine menschliche Lebensspanne umfassende – jüngere Vergangenheit gilt, gilt erst recht für den Rückblick auf die sehr viel härteren Lebensbedingungen weiter zurückliegender Epochen oder gar der sich in mythischen Weiten verlierenden „grauen Vorzeit".

Drei schwer zu verändernde Faktoren sind es allerdings, die diesem Blick zurück entgegenstehen. Zum einen fehlt zahlreichen Menschen schlichtweg das sozialgeschichtliche Wissen, um eine solche Perspektive einzunehmen. Zum anderen ist aber auch das menschliche Assoziations- und Vorstellungsvermögen sehr unterschiedlich entwickelt, so dass vielfach eine Vision dessen, was schlechter oder gar sehr viel schlechter sein könnte, von vorneherein nicht zu erwarten ist. Und zum dritten schließlich scheinen die meisten Menschen den - das bisher Erreichte abbildenden - *Status quo* als eine ihnen kraft eigenem Einsatz und schicksalhafter Zuweisung zustehende Selbstverständlichkeit zu betrachten, auf deren Bestand sie bauen und auf-bauen können. Um dieses „Aufbauen" nämlich geht es in aller Regel – um Fortschritt und Zugewinn. Wie heißt es doch bei Joachim Ringelnatz so treffend zum Bewusstseinszustand der meisten Menschen: „Ein jeder Wunsch, erfüllt, kriegt augenblicklich Junge". Zwar ist auch die manchen Menschen eignende ständige Fixierung auf negative Entwicklungen weder für sie selbst noch für die mit ihnen im semantischen Austausch Stehenden erfreulich. Noch unerfreulicher freilich für sie selbst und ihre Mitwelt ist die schon von der Vor-Sokratik als Ur-Laster der Menschheit verworfene *pleonexia*, das ständige Mehr-haben-Wollen und der später von dem englischen Philosophen Thomas Hobbes so eindrucksvoll diagnostizierte „Hunger nach Macht und abermals Macht, der erst im Tode endet". Ganz abgesehen davon, dass dieser Machthunger oft genug in „Mord und Totschlag" beziehungsweise einen „Krieg Aller gegen Alle" (Hobbes) mündet, bringt er auch bei harmloseren Entwicklungen den von Macht- und Besitzgier Besessenen selten dauerhaften Gewinn. Oft genug entwickelt sich ihre Situation zu der des – der Äsop'schen Fabelweisheit entsprungenen – Hundes, dem beim Überqueren eines Baches der erjagte Hase aus dem Maul fällt, weil er in seiner Gier auch noch dessen Spiegelbild erhaschen will und so *volens nolens* sein „Schnäppchen" verliert.

Oft genug fallen aber mit einem glückhaften oder doch annehmbaren Schicksal Gesegnete der „nackten Verzweiflung" anheim, wenn sie das bislang Erreichte und Erworbene (und als ihren mehr oder minder selbstverständlichen Besitz Betrachtete) plötzlich verlieren. Allerdings wird man davon ausgehen können, dass der Verlust des bisher Erworbenen und Erreichten vielfach auch dann nicht hätte verhindert werden können, wenn dieser potenzielle Verlust den dann tatsächlich Geschädigten in seiner ganzen Tragweite bewusst gewesen wäre. Die Wahrscheinlichkeit freilich, dass den Geschädigten der Wert des betreffenden Lebensgutes stärker bewusst gewesen wäre und sie für dessen Besitz deshalb auch in besonderem Maße dankbar gewesen wären, ist sehr viel höher als im umgekehrten Falle.

Die Bewusstseinsblockade, die diese Situation charakterisiert, mag man als eine Art von Selbstschutz betrachten, um nicht von ständigen Verlustängsten geplagt zu werden. Und solange das Schlimmste – der grundstürzende Verlust einer trag- und zukunftsfähigen Lebenssituation – nicht eintritt, mag diese Bewusstseinsblockade auch tatsächlich die wohltuende Wirkung entfalten, die auch das Sprichwort „Was ich nicht weiß, macht mich nicht heiß" im Auge hat. Zwar nimmt man die von den Kommunikations-Medien unermüdlich verbreitete Kunde vom allgegenwärtigen Elend der Welt – von Kriegen, Seuchen, Tyrannei, Hungers- und Wassernot – mit einem mehr oder minder ausgeprägten Mitgefühl zur Kenntnis, versucht vielleicht auch, einen Beitrag zur Linderung der jeweiligen Notlage zu leisten. Das mentale Selbstimmunisierungssystem des Menschen sorgt dann aber zumeist doch dafür, dass das wahrgenommene Elend nicht allzu tief „unter die Haut" geht. Von Willkürherrschaft, Hungersnot und Pestilenz betroffen sind dann zur eigenen Beruhigung doch andere Regionen dieser Erde. Und wenn es vielleicht auch unfair ist, die zynische Perspektive Wilhelm Buschs auf den Bourgeois des 19. Jahrhunderts einzunehmen, der beim Frühstück „in der Morgenzeitung mit Behagen" liest, „wie die Völker fern im Osten aufeinanderschlagen", so ist das Selbstimmunisierungssyndrom doch Teil der Alltagserfahrung. Und dies gilt wohl selbst im Verhältnis sich emotional Nahestehender zueinander. Hermann Hesse war es, der dieses Phänomen in einem frühen Gedicht mit dem Titel „Nachts auf hoher See" thematisiert hat, in dem es heißt:

> „Nachts, wenn das Meer mich wiegt
> . . . .
> Dann muß ich meiner Freunde denken
> und meinen Blick in ihre Blicke senken.
> Und frage jeden still allein:
> . . . .
> Ist dir mein Leid ein Leid, mein Tod ein Tod?
> Fühlst du von meiner Liebe, meiner Not
> Nur einen Hauch, nur einen Widerhall?
>
> Und ruhig blickt und schweigt das Meer
> Und lächelt: Nein.
> Und nirgendwo kommt Gruß und Antwort her."

Als ich diese Verse als junger Mensch zum ersten Mal las, störte mich der Unterton dessen, was ich als Selbstmitleid empfand. Heute, etliche Jahrzehnte später, spüre ich (bei veränderter Lebenslage und Sichtweise) seinen Wahrheitsgehalt.

Wo die Wahrnehmung der „Not der Anderen" an der Oberfläche bleibt, gelingt die Bewusstseinsblockade, von der hier die Rede ist.

Besser gewappnet allerdings gegen die „Wechselfälle des Lebens" ist, wer sowohl die positiven als auch die negativen Entwicklungsmöglichkeiten in sein (zumindest Unter-) Bewusstsein aufzunehmen vermag – was natürlich leichter gesagt als getan ist. Wem dies dennoch gelingt, der wird für den Fall des Eintritts der weniger erfreulichen Denkmöglichkeit vielleicht bereits einen „Plan B" zur Meisterung der neuen Lebenslage im Hinterkopf haben.

Unverkennbar ist jedenfalls – dies mag noch einmal betont werden – das allenthalben wahrnehmbare Bedürfnis, sich trotz aller Bereitschaft zu Mitgefühl und eventuell auch Mithilfe bei der Linderung von wahrgenommenem Unheil nicht allzu tief in die „Not der Anderen" hineinziehen zu lassen. Die Dankbarkeit, diese Not nicht selbst erfahren zu müssen freilich wird je nach Sensibilität der sie Wahrnehmenden variieren. Je höher deren Sensibilität entwickelt ist, desto niedriger zeigt sich die Schwelle zur Dankbarkeit, je nonchalanter die Persönlichkeitsprägung, desto höher wird sich die Dankbarkeitsschwelle erweisen.

II. Dankbarkeit – das Wozu

Dass das „Danken" derselben semantischen Quelle entspringt wie das „Denken" wurde im ersten Teil dieser Schrift dargelegt. Wie beim Denken geht es auch beim Danken um die Bemühung, mentale Standfestigkeit und eine aufrechte Haltung anzunehmen oder zu bewahren. Wer bereit und in der Lage ist, dem Leben in und mit einer zumindest latenten Haltung der Dankbarkeit zu begegnen, wird sich nicht nur leichter tun, das psychosoziale Gleichgewicht „inmitten von Leben, das leben will" (Albert Schweitzer) zu wahren, sondern wird auch wenig(er) Schwierigkeiten haben, mit sich selbst in Frieden und Eintracht zu leben.

Ein – im kollegialen Umgang nicht ganz einfacher – langjähriger Dekan der Sozialwissenschaftlichen Fakultät der LMU München pflegte unter Bezugnahme auf seine regionale Herkunft scherzhaft zu sagen: „Man muss Gott für Alles danken, selbst für einen Unterfranken". Ganz abgesehen von der manche Ecken und Kanten des kollegialen Umgangs miteinander abrundenden Selbstironie des Betreffenden enthalten launige Sprüche dieser Art eine bedenkenswerte Einsicht. Nicht zuletzt aus der Konfrontation mit wenig „Geländegängigem" mag der Zwang zur Überwindung von Hindernissen den Schlüssel zu sonst unerschließbaren Problemlösungsperspektiven formen. Wer dann nicht gleich abwinkt oder sich in Aggressionen flüchtet, sich vielmehr angesichts solcher Herausforderungen animiert fühlt, die eigenen Hoffnungen, Erwartungen und Bestrebungen auf die Waagschale zu legen und mit den entsprechenden Hoffnungen, Erwartungen und Bestrebungen seiner sozialen Mitwelt abzugleichen, das vernünftigerweise Erwartbare oder gar Beanspruchbare richtig einzuschätzen und aus dieser Einschätzung Ruhe und Zufriedenheit zu gewinnen, befindet sich auf der richtigen Spur. Die Fähigkeit zu einer solchen situationsgerechten Einschätzung freilich setzt in der Regel ein hohes Maß an erfahrungsgesättigter, abgeklärter und daher auch gelassener Weisheit voraus, die voreilige Vergleiche scheut. Wieviel Ungemach widerfährt doch zahlreichen Menschen durch falsche Schlüsse, die aus dem ständigen Vergleichen der eigenen Lebenssituation mit der Lebenssituation Anderer gezogen werden! Ganz abgesehen davon nämlich, dass die Komplexität der jeweiligen individuellen Lebensverhältnisse eine seriöse Vergleichbarkeit eigentlich von vorneherein ausschließt, weil jeder potenzielle Ansatzpunkt eines Vergleichs durch schwer einsehbare Sonderaspekte des konkreten Falles relativiert werden kann, gibt es auch noch einen viel elementareren Ausschließungsgrund. Die individuelle Gewichtung nämlich von Lebensgütern und Lebenslastern kann so sehr auseinanderfallen, dass auch dies jeden Vergleichsversuch als müßig erscheinen lässt. Insbesondere der begehrliche (und oft genug eher missgünstige als wohlwollende) Blick über den Zaun auf das vermeintlich glückhaftere Schicksal des Nachbarn erweist sich in aller Regel als illusionär. Denn: „Unter jedem Dach ein Ach!" und „Vor jeder Türe liegt ein Stein, ist er nicht groß, dann ist er klein."

Was diese deutschen Sprichworte zum Ausdruck bringen, entspricht einer allgemeinen Menschheitserfahrung, die der einem Justizmord zum Opfer gefallene langjährige Kanzler des Ostgotenkönigs Theoderich, Anicius Manlius Boethius (480-324), in seinem im Kerker zu Pavia verfassten Werk „Vom Trost der Philosophie" meisterhaft kommentiert. Nachdrücklich erinnert ihn die ihm in Gestalt einer hehren Dame erscheinende Philosophie daran, dass alle irdischen Glücksgüter nur auf Zeit gewährte Leihgaben des Schicksals, überdies ungleich verteilt und daher auch nie alleinseligmachend sind. „Ein ängstlich Ding ist nämlich die Lage der menschlichen Güter und eine Sache, die nie ganz zum Vorschein kommt oder sich nie beständig fortsetzt", heißt es da. „Dieser hat Geld in Fülle, aber er schämt sich unedlen Blutes; den macht Adel bekannt, aber in dürftiges Vermögen gezwängt möchte er lieber unbekannt sein. Jener hat an beidem mehr als genug, beklagt aber sein eheloses Leben. Jener, glücklich verheiratet, aber ohne Kinder, häuft sein Vermögen für einen fremden Erben; ein Anderer, gesegnet mit Nachkommenschaft, weint traurig über die Vergehen des Sohnes oder der Tochter. Deshalb ist niemand leicht eins mit der Lage seines Geschickes; denn in jedem liegt etwas, was der, der es nicht erfahren hat, nicht kennt, wer es erprobt hat, schaudernd fürchtet…

Nur wenn man sich beim Blick auf das erkennbare Schicksal Anderer auf das konzentriert, was man für sich selbst fürchtet, lässt sich dem Blick über den Zaun des Nachbarn etwas für das eigene Lebensgefühl Beruhigendes und damit auch ein potentielles Motiv für Dankbarkeit abgewinnen – dann etwa, wenn man feststellen kann, dass man im Gegensatz zu manchen Anderen noch aufrecht stehen und gehen kann oder auch, dass man im Gegensatz zu manchen Anderen das Leben noch mit allen Sinnen wahrnehmen und mitgestalten kann.

Die Alltagserfahrung lehrt jedoch, dass es den meisten Menschen schwerer fällt, aus dem „Blick nach Unten" Zufriedenheit zu gewinnen als Unzufriedenheit aus dem „Blick nach Oben", auf die vermeintlich Bessergestellten. Gerade diese Perspektive wäre jedoch zur Förderung der eigenen Gelassenheit und Lebensfreude hilfreich. Der Zufriedenheit versprechende Blick nach Unten muss geübt werden, wenn man nicht in diese stets drohende Falle geraten will. Zumindest für das seelische Gleichgewicht der Betreffenden lohnt sich diese Übung selbst dann, wenn sie so skurrile Wege einschlägt wie bei jenem Vorsokratiker, der freimütig erklärte: „Für zwei Ding bin ich dankbar – als Mann geboren worden zu sein und nicht als Weib, als Hellene und nicht als Barbar…" Auch heute noch mag es Menschen geben, die „froh und dankbar" sind, z.B. als Schwede, Schweizer, Deutscher, Italiener oder Amerikaner geboren worden zu sein und nicht als kriegsgeplagter Ukrainer, Palästinenser oder Russe. Spätestens im Blick auf existenzielle Geschehnisse und Lebenslagen stellt sich jedenfalls die Frage nach dem oder den Adressaten der so zu rhetorischem Ausdruck gebrachten Dankbarkeit.

III. Dankbarkeit – das Wem

Redensarten wie: „Im Winter ist man für jeden Sonnenstrahl dankbar" sind weit verbreitet. In ihrer thematischen Variabilität und Beliebigkeit nehmen sie den ungenannten Adressaten dieser „Dankbarkeit" aus der inter-personalen (oder gar inter-nationalen) Ebene und werfen die Frage auf, *wem* man nun eigentlich für einen wärmenden Sonnenstrahl im Winter oder einen (den sommerlichen Gartendurst stillenden) Regenguss dankbar sein will oder dankbar sein muss.

Die wenigsten Menschen, denen solche Redensarten leicht von der Zunge gehen, werden sich dieser hypothetischen Frage ernsthaft stellen oder sie vielleicht auch mit der Redensart „Gott sei Dank" beiläufig beantworten ohne sich dieser Antwort auch nur bewusst zu sein. So etwa, wenn der lang erwartete Sommerregen mit dem altbekannten Vers begrüßt wird: „Es regnet/Gott segnet/die Erde wird nass…"

Adressat der jeweiligen Dankbarkeitsbekundungen ist jedoch in unserer heute weitgehend säkularisierten Lebenswelt auch semantisch in aller Regel nicht ein „persönlicher" Gott, sondern ein anonymes Schicksal. Wie schon die Wortgeschichte und der Wortsinn verrät, ist unser „Schicksal" wie auch unsere „Geschichte" etwas uns Ge-schicktes. Welche Kraft aber könnte „großmächtig" genug sein, derart Existenzielles wie einen Sonnenstrahl, einen Regenguss oder ein Menschenschicksal zu bestimmen außer der aus dem Jenseits, dem sogenannten „Himmel" unserer menschlichen Umgangssprachen heraus wirkende?

Über die Beschaffenheit dieser jenseitigen Welt, von der wir Sterblichen wohl erst nach Überschreitung der durch unseren körperlichen Tod markierten Grenze wenn nicht alles, so doch etwas erfahren werden, haben sich die Menschen schon immer die unterschiedlichsten Vorstellungen gemacht. Zahlreiche „Religionen", das heißt also, um „Rückbindung" des Diesseits an das Jenseits bemühte, Glaubensgemeinschaften erstrebten und erstreben noch immer die Deutungshoheit über den spirituellen Zusammenhang von Himmel und Erde. Was viele (im Übrigen rivalisierende) Religionen verbindet, ist die Vorstellung von einem allmächtigen Schöpfergott, nach dessen dem Schöpfungsprozess immanenten Gesetzlichkeiten sich das irdische wie das außerirdische Leben zu vollziehen hat und auch tatsächlich vollzieht. Noch näher rücken jene Religionen dem Menschen, die den göttlichen Himmelsherrn als eine in die Geschicke der Menschheit unmittelbar eingreifende Größe sehen und damit das von ihm Gesandte mit besonderer Ehrfurcht anzunehmen bemüht sind.

Die das abendländische Denken in den letzten beiden Jahrtausenden in besonderem Maße bestimmenden abrahamitischen Religionen – Judentum, Christentum und Islam – bekennen sich, wenn auch in unterschiedlicher Intensität, zu dieser Sichtweise, wenngleich der insbesondere in Europa rapide fortschreitende Säkularisierungsprozess gewaltige Schneisen in die weitgehend geschlossenen Reihen insbesondere der einst so genannten „Christgläubigen" schlägt und die christlichen Kirchen mit einem ihre Existenz bedrohenden Erosionsgeschehen konfrontiert sind. An den christlichen

Himmel gerichtete Frömmigkeits- und damit auch Dankbarkeitsbekundungen, wie wir sie aus früheren Jahrhunderten kennen, dürften heute nur in seltenen sozialen Nischen anzutreffen sein. Obwohl auch dem in der heutigen, weithin säkularisierten Welt Lebenden die Unabänderlichkeit mancher Schicksalsfügungen nicht verborgen bleiben kann, dürften ausdrückliche Annahme-Erklärungen der von dem schwäbischen Dichter Eduard Mörike (1804-1875) bekannten Art selten mehr anzutreffen sein. In einem Vierzeiler des im Brotberuf als evangelischer Pastor wirkenden Dichters heißt es:

> „Herr, schicke was Du willt,
> ein Liebes oder Leides,
> ich bin vergnügt, daß beides
> aus Deinen Händen quillt."

Eine Grundhaltung der himmelwärts gerichteten Dankbarkeit dies, die einer weit in die Geschichte des Christentums zurückreichenden Gesinnungstradition folgt. Schon in den „Bekenntnissen" (Confessiones) des Kirchenvaters Augustinus (354-430 n. Chr.) wird sie im Hinblick auf ihre Implikationen und Konsequenzen nachdrücklichst zum Ausdruck gebracht, wo es heißt: „Kein Herz wird Ruhe finden ehe es ruht in Dir."

Den Grund für diese finale Ruhe erklärt Augustinus mit den Worten „quia nos fecisti ad Te" – weil Du uns ja auf Dich hin gemacht hast. Und dies auf den Schöpfer hin Gemachtsein umschließt letztlich auch die Hinnahme des dem Menschen aus traditionell christlicher Sicht vom „Himmel" zugedachte Schicksal. Wer zu dieser Ruhe finden kann freilich, ist seelisch privilegiert, weil er in dem Bewusstsein leben kann, nicht nur den bestmöglichen Grund, sondern auch den letztendlich einzig legitimen Adressaten für Dankbarkeit gefunden zu haben. „Glauben macht selig" lautet ein volkstümlicher Spruch. Und dies ist wohl auch tatsächlich so. Wer an ein gottgewolltes, und zumal an ein für jeden Menschen nach göttlichem Willen individuell zugeschnittenes, Schicksal glauben darf, bewegt sich auf einer sehr viel sonnigeren Seite des Lebens als die ein eventuell schweres Schicksal nur „mit stoischer Ruhe" Tragenden oder gar unaufhörlich mit diesem Schicksal und deshalb oft genug auch mit ihrer sozialen Um- und Mitwelt Hadernden. Eine nur allzu häufige Reaktion nämlich ist dann die mit Selbstmitleid („Immer ich!" „Warum muss so etwas immer mir passieren?") gepaarte Verbitterung, die dann auch die Verbitterten selbst „schwer genießbar" oder gar selbst zu einer „bitteren Pille" für ihre Mitmenschen werden lässt.

C. Die Macht der Dankbarkeit
Natur- und sozialgeschichtliche Einblicke

I. Dankbarkeit im Tierreich?

Anthropologische Kategorien ins Tierreich zu projizieren mag riskant erscheinen. Bei der Deutung von tierischem Kooperationsverhalten ist spätestens dann Vorsicht angebracht, wenn moralische Kriterien bemüht werden. In der Regel lassen sich Kooperationen wie etwa die gemeinsame Jagd von Löwen und anderen Raubtieren zu Recht mit utilitaristischen Kategorien erklären. Andererseits ist die Fülle der aus der reichen empirischen Verhaltensforschung erschließbarer Vergleichspotentiale zu menschlichen Verhaltensweisen derart unübersehbar, dass es unangemessen wäre, sie außer Acht zu lassen. Vielfach nämlich liegt es nahe, sich im Blick auf charakteristische tierische Verhaltensweisen an des Dichters Peter Gan paradoxes Diktum zu erinnern: „Es gibt nichts Tieferes als die Oberfläche…“

Mit dem Phänomen der Dankbarkeit zumindest assoziierbare tierische Reaktionen lassen sich sowohl im Verhältnis von Tieren zu Menschen als auch im Verhältnis von Tieren untereinander beobachten. Einige Beispiele mögen dies illustrieren.

P. C. Mayer-Tasch, *Dankbarkeit*, https://doi.org/10.1007/978-3-658-51085-5_3

Wenn etwa ein Pferd nach einer ihm gereichten Zuckergabe seine samtweiche Schnauze an der Hand oder am Arm des Spenders reibt, so ist zumindest der kausale Zusammenhang zwischen Gabe und Reaktion auf diese Gabe unabweisbar. Und unzweifelhaft ist auch das lebhafte Schwanzgewedel eines durch ein „Leckerli" des Herrchens oder Frauchens beglückten Hundes eine nicht nur zeitliche, sondern auch ursächliche Folge dieser Zuwendung.

In einem alten ungarischen Märchen mit dem Titel „Die dankbaren Bestien" steht ein Jüngling drei verletzten Tieren – einer Biene, einem Wolf und einer Maus – bei. Später revanchieren sich dieselben Tiere, indem sie ihren Wohltäter unter Einsatz ihrer artspezifischen Fähigkeiten aus einer existentiellen Notlage befreien. Auch in einem fein gesponnenen japanischen Märchen geht es um das Thema Dankbarkeit, obwohl es weniger glücklich endet, weil noch andere erzieherische Elemente in die Geschichte verwoben sind. Sie erzählt von einem armen Bauern, der einem sich als Fabelwesen erweisenden Kranich das Leben rettet, indem er ihn von einem Pfeil befreit. Während einer schweren Hungersnot schlüpft der Kranich aus seiner Tiergestalt in die einer schönen jungen Frau und wird in dieser Gestalt zum Glücksbringer für den Bauern. Da er jedoch das ihm auferlegte Diskretionsgebot nicht einhält, entschwindet der Kranich wieder und in das Haus des Tabubrechers kehrt die Not zurück.

Auch Mythen und Märchen, in deren Mittelpunkt das Thema Dankbarkeit steht, lassen sich also mit anderen mehr oder weniger direkten Tugendapellen verbinden.

So etwa die Legende vom phygischen König Midas, dem der – ihm einen Gefallen schuldenden - Gott Dionysos auf seinen Wunsch hin die Gabe verlieh, alles zu Gold werden zu lassen, was er berührte. Dass dies nicht gutgehen konnte, war eigentlich absehbar, wurde aber von dem übermäßig goldgierigen Midas – einem Paradebeispiel für die schon in der griechischen Antike als Urlaster verworfene *pleonexia*, dem ewigen Mehr-haben-Wollen - verkannt. Entsprechend groß war seine Erleichterung und Dankbarkeit für die schlichten Gaben des Lebens nach der von Dionysos nunmehr flehentlich erbetenen Befreiung von dieser aus Gier und Unverstand erbetenen fatalen Gabe, die ihn dem Liebes- und dem Hungertod ausgeliefert hätte, wenn sich der Gott nicht seiner erbarmt hätte. Darstellungen der nach Umarmung durch ihren Vater zur Goldstatue erstarrten Tochter des Midas illustrieren sein Dilemma aufs Deutlichste.

Ein besonders markantes, wenngleich sehr exotisches Beispiel einer para-emotionalen Interaktion zwischen Mensch und Tier verdankt der Autor dem Bericht des seit Jahrzehnten in Deutschland lebenden, einer persisch-kurdischen Familie entstammenden IT-Fachmanns Asghar Rahmani Abd-el-Malaki. Im Keller von dessen am kaspischen Meer lebenden bäuerlichen Herkunftsfamilie lebte in seiner Jugend seit geraumer Zeit eine das Haus von Ungeziefer freihaltende Giftschlange als „Hausschlange“ – ein in tropischer und subtropischer Regionen nicht ungewöhnliches Haustier. Als die Schlange jedoch eine größere Anzahl von Eiern legte, deponierte die Familie diese Eier, ohne sie zu zerstören, in einiger Entfernung vom Haus. Die offenbar ihr Gelege vermissende Schlange spritzte daraufhin ihr Gift in den Ayran-Pott, der im kühlen Keller aufbewahrt wurde, was an der Farbänderung des Inhalts erkennbar war. Als die Familie dies entdeckte und die Schlangeneier zurückholte, ringelte sich die Schlange um den Krug und zerbrach ihn, so dass der vergiftete Ayran auslief.

Treibt man die anthropomorphe Deutung zu weit, wenn man hier sowohl Rache als auch Dankbarkeit einen Tanz aufführen sieht? Vielleicht betrachtet auch der eine oder andere Leser diese Geschichte als Märchen aus Tausend-und-einer-Nacht beziehungsweise als „zu schön, um wahr zu sein". Der Wahrheitsgehalt der Erzählung dieses Familienmitgliedes steht für den Autor jedenfalls außer Frage.

Die Assoziation mit dem, was wir als Dankbarkeit verstehen, lässt sich aber dank den Erkenntnissen der Verhaltensforschung auch im Verhältnis von Tieren untereinander beobachten. Der Berner Verhaltensforscher Michael Taborsky berichtet von Wanderratten, die sich bei Artgenossen, die ihnen Nüsse überlassen mit offenkundig hochwillkommenem Nackengekraule revanchieren. Ähnliches lässt sich wohl auch nach Futtergaben bei Schimpansen beobachten. Und dass Vampir-Fledermäuse sich bei Bedarf wechselseitig sogar mit Bluttransfusionen aushelfen, wenn Artgenossen bei ihren Beutezügen leer ausgegangen und so körperlich in Not geraten sind, ist schon länger bekannt.

Würden Besucher aus dem Weltall die Entsprechung solcher (hier beispielhaft aufgeführter) animalischen

Interaktionen und Kooperationen beim Menschen beobachten, würden sie diese wohl zu Recht als Ausdruck von Dankbarkeitsregungen registrieren. Warum also nicht auch bei Tieren? Und dies völlig unabhängig davon, ob die zoologische Verhaltensforschung auch noch zusätzliche Erklärungshypothesen zur Deutung von Interaktionen der geschilderten Art anführen kann. Auch bei menschlichen Dankbarkeitsgesten lassen sich von Psychologen unschwer eine Vielzahl potentieller Zusatzmotive anführen – die Hoffnung vielleicht, sich die Zuwender „warm zu halten" und so weitere Zuwendungen wahrscheinlicher werden zu lassen. Keine Schuld nämlich, so der römische Staatsmann und Philosoph Marcus Tullius Cicero (106-43 v. Chr.) sei dringlicher als die, Dank zu sagen. Ausbleibender Dank oder gar manifester Undank nimmt auf der schwarzen Liste sozialer Untugenden einen prominenten Platz ein. Ebenso wie der für eine Wohltat Dankbare fühlt, dass durch diese Wohltat ein Ungleichgewicht zu seinen Lasten entstanden ist, das es auszugleichen gilt, mag der ohne einen Dank gebliebene Wohltäter das Gefühl haben, dass zwar keine „Rechnung offen" ist, eine Dankesgeste aber einen wohltuenden Ausgleich geboten hätte. Die Dichterin Marie von Ebner-Eschenbach (1830-1916) war es, die sogar notierte: „Wir sind für nichts so dankbar wie für Dankbarkeit. Und der dem Nazi-Terror zum Opfer gefallene evangelische Theologe Dietrich Bonhoeffer (1906-1945) erklärte in ähnlichem Sinne „Dankbarkeit macht das Leben erst reich".

Dass als Dankbarkeit interpretierbare tierische Interaktionen für die betreffenden Akteure somasematische

Vorteile mit sich bringen, kann kaum zweifelhaft sein. Eine Beobachtung dies, die auch ein besonderes Licht auf die Evolutionstheorie von Charles Darwin (1809-1882) wirft. Wenn der englische Naturforscher „the survival of the fittest" zum logischen Kern der Evoluti-on erklärt, so scheint nicht nur der von Thomas Hobbes im Blick auf den Menschen behauptete Wettlauf und Wettkampf der Lebewesen um den allseits begehrten Platz an der Sonne das Wesen der Evolution aus-zumachen. Auch altruistische Regungen und Handlungen und ihre Reziprozitätsfolgen müssten nach den hier referierten behavioristischen Beobachtungen zur Fittness beitragen und damit zugleich auch einen wichtigen Beitrag zum *survival of the fittest* leisten.

Dass bei der Betrachtung solcher Zusammenhänge der Blick nicht allein auf das Überleben und Gedeihen der Individuen, sondern vor allem auch auf das Überleben der ganzen Familie, Sippe oder Art gerichtet werden muss, zeigt unter anderem das Beispiel des Bienenstaates, in dem die Arbeitsbienen ihre ganze Kraft in den Dienst der Brutpflege ihrer Königin stellen und damit das Gedeihen des ganzen Bienenstaates sichern und fördern. Ähnliches gilt auch für das von Michael Taborsky angeführte Beispiel der Buntbarsche, in deren Sozialgefüge eine Gruppe niederrangigerer Helfer-Fische bei der Aufzucht des Nachwuchses der Alpha-Gruppe behilflich ist, dafür aber auch „zum Dank" den Schutz des Schwarms als Ausgleich erhält. Und in der menschlichen „Zivilgesellschaft" gehören solche Phä-nomene ohnedies zur Alltagserfahrung.

II. Dankbarkeit - ein Bindeglied der menschlichen Gesellschaft

1. Dankbarkeit in der Familie

Nicht immer, aber doch in aller Regel, spielt Dankbarkeit schon in der Familie als der Keimzelle der Gesellschaft eine zentrale Rolle. Neben der elterlichen Autorität bildet sie das wichtigste Bindeglied innerhalb der Familie. Lasten und Kosten, die die Eltern im Normalfall auf sich nehmen, um das Gedeihen ihrer Kinder zu sichern und sie auf ein auskömmliches und würdiges Leben in Selbstständigkeit und Eigenverantwortung vorzubereiten, wird ihnen zumeist auch durch die Anhänglichkeit und Liebe der Kinder bis an ihr Lebensende vergolten. Zwar kann die Intensität dieser Dankbarkeit und damit auch die Intensität der Familienbindung je nach Art der in der Kindheit und frühen Jugend erfahrenen elterlichen Zuwendung und dem Ausmaß der Seelenverwandtschaft zwischen Eltern und Kindern sehr variieren – völlig verflüchtigen freilich dürfte sie sich äußerst selten, sondern höchstens merkwürdige Umwege einschlagen. Die psychologische Literatur über solche Fehlentwicklungen ist fast unübersehbar.

Eine sich bis zur gänzlichen Aufkündigung jeglicher Familien-Loyalität steigernde emotionale „Abnabelung" dürfte es jedoch höchstens in extremen Ausnahmefällen geben. Dann freilich kann sich eine solche bis zum seelischen oder gar körperlichen „Vatermord" steigern. John Knittel war es, der die Entwicklungsgeschichte einer solchen Familientragödie in seinem Roman „Via Mala" meisterhaft dargestellt hat. Im Normalfall freilich entfaltet das emotionale Element der Dankbarkeit für die in den latenten (aber durch die Setzung einiger rechtlicher Eckdaten auch evidenten) „Generationenvertrag" Eingebundenen eine wohltuende Wirkung.

Was für das Verhältnis zwischen Eltern und Kindern gilt, gilt bis zu einem gewissen Grade auch für das Verhältnis von Geschwistern untereinander. Da ältere Geschwister zumeist auch in die Betreuung, Erziehung und Ausbildung jüngerer Geschwister eingebunden werden, kann sich in manchen Fällen sogar fast ein elternähnliches Beziehungsgefüge zwischen Geschwistern unterschiedlichen Alters entwickeln. Auch mit (fast) gleichaltrigen Geschwistern entwickeln sich aber in aller Regel im Loyalitätsverbund der Familie vielfältige Kontakte und Beziehungen, die zur Motivationsgrundlage für wechselseitige Dankbarkeit werden kann. Für den Bruder tut man dieses, für die Schwester jenes – und *vice versa*. Ohne die Kategorie wechselseitiger Dankbarkeit wäre eine – im Idealfall lebenslange – Familienbindung kaum denkbar. In einer Familie hat nun mal ein Jeder und eine Jede einem Jeden und einer Jeden irgendetwas zu verdanken – und verhält sich im Zweifel auch dementsprechend.

2. Dankbarkeit unter Freunden und Bekannten

Zwar ist – wie ein Sprichwort weiß – „Blut dicker als Wasser", aber die Beziehungen zwischen „guten Freunden" können ebenso eng (und zuweilen sogar enger) sein als zwischen Geschwistern. Letzteres nicht zuletzt deshalb, weil sich enge Freunde und Freundinnen – oft genug schon in der Kindheit und frühen Jugend, aber auch bis ins hohe Alter – über Probleme innerhalb ihrer Herkunftsfamilien austauschen und bei solchen (wie es früher hieß) „Busenfreunden" Verständnis und Trost erwarten und finden können. Wurden aus Schulkameraden Freunde, so ergibt sich die Interessenkorrespondenz aus den gemeinsamen Erlebnissen während der Schulzeit, dem Verhältnis zu den Lehrern, dem weiteren Schicksal der Klassenkameraden etc. Entstand die Freundschaft in einem lokalen Sport-, Natur- oder Kulturverein, so bildet dieser gemeinsame Interessenbereich den Hintergrund und die ständige Bezugsebene für den Bestand der Freundschaft. Ergab sie sich aus einem gemeinsamen Studium, so bot die Erinnerung an markante Professoren oder die Besonderheiten des Studienmileus das potenzielle Bezugsfeld. Erwuchs sie aus einer beruflichen Kollegialität, so gilt Entsprechendes für die aktuelle oder frühere gemeinsame Arbeitssphäre und deren soziales und ökonomisches Gedeihen im Rahmen des gesamtgesellschaftlichen Bezugssystems.

Wo und wann immer solche Freundschaften und Bekanntschaften entstehen und über längere Zeiträume hinweg gelebt werden, setzen sie ein hohes Maß an innerer Verbundenheit voraus, dessen Wurzeln sehr unterschiedlicher Art sein können. Nicht selten entstehen sie aus nachbarschaftlichen Bezügen. Zuweilen „vererben" sich auch Familienfreundschaften. Ganz ohne höchstpersönliche Zusatzfaktoren (wie etwa genetisch, astrologisch oder karmisch bedingte Anziehungswerte) dürften enge, von wechselseitigem Vertrauen getragene Freundschaften äußerst selten entstehen. Besonders markante Umstände einer Begegnung freilich können Ausnahmen von der Regel bilden und Freundschaften begründen, die sonst nicht zustande gekommen wären.

Wie immer aber echte Freundschaften auch zustande gekommen sein mögen – stets leben sie aus der ständigen wechselseitigen Förderung der Lebensinteressen der Freunde oder Freundinnen, die sich mit Rat und Tat, Worten und Werken zu stützen suchen. Aus diesem (im Einzelfall sicher sehr unterschiedlich dichten) Netz des Wohlwollens und der Wohltaten entstehen dann auch genügend Gründe für Dankbarkeit – im Idealfall ein ständiges Geben, Nehmen und Danken, was Freundschaften nicht nur zu einer Fluchtburg, sondern auch zu einem Bollwerk sozialer Gemeinsamkeit werden lässt.

Wie die sozialen und ökonomischen Auswirkungen von Dankbarkeitsbezeugungen ethisch zu bewerten sind, steht auf einem ganz anderen Blatt. Der römische Staatsmann Marcus Tullius Cicero (106 - 43 v. Chr.) war es, der in seiner Auseinandersetzung mit der sogenannten Catilinarischen Verschwörung die Wichtigkeit von Freundschaften für die Reinhaltung der (in seinem Falle republikanischen) politischen Kultur betont hat. Wer Julius Cäsar (100 – 43 v. Chr.) nicht als Heilsbringer, sondern als Republikfeind und Usurpator bewertet, wird die zum Tyrannenmord an den „Iden des März" Verschworenen in strahlendem Lichte sehen. Und dasselbe gilt auch für die Männer des 20. Juli 1944. Umstürze und Umsturzversuche dieser und ähnlicher Art, wie sie sich weltweit ununterbrochen ereignen, sind ohne Freundschafts- und wechselseitige Dankbarkeitsbezüge undenkbar. Undenkbar deshalb, weil sie ein hohes Maß an Vertrautheit, Vertrauen, Verschwiegenheit und Loyalität voraussetzen, um auf den Weg gebracht werden zu können. Dabei aber spielt Dankbarkeit für zuvor erfahrene Förderung fast immer eine zentral wichtige Rolle.

Auch dort, wo es um weniger hehre Ziele geht, um das Anstreben individueller oder kollektiver wirtschaftlicher Interessen, um Posten, Zugangserleichterungen, Mitgliedschaften, Begünstigungen, Absatzförderung, Werbung etc. spielt die Rolle von sogenannten Seilschaften und ganz allgemein das in Bayern abfällig als „Freinderlwirtschaft" apostrophierte soziale Beziehungsgefüge eine bedeutende Rolle, deren ständig erneuerter Kitt wiederum die wechselseitige Dankbarkeit ist.

In seltenen Fällen entstehen Dankbarkeits-Konstellationen auch spontan aus unerwarteten Ereignissen und gleichfalls unerwarteten Erleichterungs- oder Hilfseinsätzen bislang Unbekannter. Solche, oft als besonders glückhaft empfundene Situationen pflegen sich in das menschliche Bewusstsein besonders nachdrücklich einzuprägen und den daraus erwachsenden Dankbarkeitsgefühlen einen besonderen Glanz zu verleihen, weil (im eigentlichen Wortsinn verstandenes) „unverhofft" eben doch nicht „oft" kommt. Während oft in langen Jahren gewachsene Freundschaften und Freundeskreise wechselseitige Dankbarkeit erwartbar machen, werden unerwartete Wohltaten durch den Überraschungseffekt geadelt.

Je flacher die bestehenden oder sich entwickelnden Sozialbezüge sind, je weniger es sich bei den Beteiligten um Freunde, sondern vielmehr um bloße „Bekannte" handelt, mit denen man dann im Zweifel auch nur in gelegentlichem oder sogar seltenem Austausch steht, desto flacher erweist sich auch die Dankbarkeitsmotivation für etwaige „Gefälligkeiten". Und dies umso mehr, als solche dann auch zumeist vergleichsweise einfach ausgeglichen werden können.

3. Dankbarkeit in der Politik

Da sich die anthropologischen und psychologischen Gegebenheiten im Sozialbereich der Politik nicht von denen der Gesellschaft(en) unterscheidet, deren Handel und Wandel sie zu gestalten bemüht ist, gilt für sie auch im Hinblick auf das Phänomen der Dankbarkeit Entsprechendes. Und dies seit eh und je. Deshalb zunächst ein Blick zurück auf die Politikgeschichte des Abendlandes.

Auch die Geschichte des Abendlandes ist zunächst und zuvörderst eine Geschichte der Eroberungen und der mit ihnen zwangsläufig verbundenen Landnahmen. Mit der logischen Abfolge von „Nehmen-Teilen-Weiden" beschreibt der im Hinblick auf seinen akademischen Status 1945 selbst einer Landnahme zum Opfer gefallene, zeitweise mit den Nazis paktierende, aber begriffsstarke Staats(rechts)lehrer Carl Schmitt in seinem Werk „Der Nomos der Erde und das Jus Publicum Europaeum" diesen sich weltweit immer wieder aufs Neue ereignenden Prozess. Wer auch immer eine solche Landnahme anstrebt, bedarf der Helfer – Strategen, Sold- und Materialbeschaffer, Waffenschmiede, Kämpfer etc., die das Eroberungswerk vorbereiten und durchführen, wobei sie in der heißen Phase des Eroberungszuges dann auch ihr Leben und ihre Gesundheit riskieren. Wenn das Eroberungsziel erreicht wurde, ist der oder die Nutznießer des Erfolges seinen Helfern zu Dank verpflichtet. Beim zweiten Akt der erwähnten Sequenz, dem „Teilen", wird er oder sie diejenigen, denen er oder sie zu Dank verpflichtet ist, nach Maßgabe von deren Beitrag zum Erfolg berücksichtigen – eine Folge, die der eines wirtschaftlichen *Joint Ventures* entspricht. Zuweilen werden solche Zuteilungen schon bald wieder durch erfolgreiche Revanchen zunichtegemacht. Zuweilen können sich die Nachfahren von infolge dieser politischen Dankbarkeitspraxis in den Genuss von Landzuteilungen Gekommenen noch nach Jahrhunderten des „Weidens" erfreuen. Erkennen lässt sich dies nicht zuletzt an Familiennamen. Wenn – um ein beinahe beliebiges Beispiel anzuführen – ein gut Teil des britischen Hochadels französische Namen trägt, so lässt sich dies zumeist auf die von dem Normannenherzog Wilhelm („der Eroberer") 1066 gewonnene Schlacht von Hastings zurückführen. Nach dem Sieg und der damit verbundenen Landnahme dankte Wilhelm seinen Mitstreitern, indem er ihnen dem unterlegenen angelsächsischen Adel entrissene Ländereien als Lehen übertrug, an denen sie sich dann „weiden" (das heißt unter anderem ihr Vieh weiden lassen) konnten. Auch nach der ebenfalls 1066 erfolgten Eroberung Siziliens durch den als päpstlicher Vasall agierenden Normannenherzog Robert Guiscard (1015-1085) folgten dieselben Neu-Belehnungen der eroberten, bislang unter byzantinischer Lehenshoheit stehenden Ländereien an Diejenigen, deren Gefolgschaft und Kampfkraft diese epochale Landnahme zu „verdanken" war.

Ähnliche Prozesse und Segnungen erfolgten während der gesamten Geschichte des Abendlandes. Auch Aufstieg und Niedergang des Römischen Reiches ist in diesem Licht zu sehen. Aus der Einverleibung der alexandrinischen Diadochen-Reiche und der Ausdehnung seiner Heeres- und Handelspräsenz auf den gesamten mediterranen Bereich bezog Rom seine „Kraft und Herrlichkeit". Besiegelt wurde sein durch innenpolitische Entwicklungen vorbereiteter Niedergang durch die germanischen, das heißt unter anderem gotischen, langobardischen und fränkischen Landnahmen. In den Eroberungen im Osten des mittelalterlichen Heiligen Römischen Reiches deutscher Nation und den napoleonischen Eroberungen setzten sich diese Vorgänge fort. Mit den politischen und ökonomischen Ordnungsvorstellungen – insbesondere der allmählichen Staatenbildung und der zunehmenden Bedeutung des kapitalistischen Wirtschaftsstils – veränderten sich (nicht völlig, aber zum Teil) die Formen der Trias von „Nehmen, Teilen, Weiden" – nicht aber ihre emotionale Basis und ihre logische Sequenz. Deren Grundstruktur mag an zwei markanten Ereignissen aus der Geschichte des europäischen Mittelalters verdeutlicht werden: Als Papst Gregor VII. (1023-1085), der mit Kaiser Heinrich IV (1056-1106) im „Investiturstreit" lag, gegen diesen den Kirchenbann verhängte und damit – nach weithin anerkanntem päpstlichen Anspruch – dessen Vasallen von ihrem Lehenseid entband, gehörte der Stauferherzog Friedrich von Schwaben zu den wenigen Großen des Reiches, die dem Kaiser die Treue hielten. Zum Dank für seine Lehenstreue gab Heinrich dem Schwabenherzog seine Tochter Agnes von Waiblingen zur Frau – ein folgenreicher politischer Akt, der die Staufer „imperiabel" machte und später die Wahl der ersten Stauferkönige (Konrad III., Philipp und Friedrich I. „Barbarossa") dynastisch ebnete. Ein Akt der Dankbarkeit also, der politische Geschichte schrieb. Ein ähnlich folgenreicher Akt ereignete sich im zeitlichen Umkreis der Niederlage von Barbarossa gegen den lombardischen Städtebund in der Schlacht von Legnano im Jahre 1176. Ursache der Niederlage war, dass Barbarossas Vetter Heinrich der Löwe, Herzog von Bayern und Sachsen, dem Kaiser nach einem erfolglosen Erpressungsversuch die Gefolgschaft verweigerte und mit seinem Heer den Kampfplatz verließ. Auf dem Rückzug des infolgedessen von den Lombarden geschlagenen kaiserlichen Heeres blockierten die welfisch gesinnten Herren von Verona den Alpenübergang an der „Veroneser Klause" – eine äußerst brisante Notsituation, aus der ein kühner Einsatz des Pfalzgrafen Otto von Wittelsbach den Kaiser und die Reste seines Heeres erlöste. Die politischen Folgen dieser Ereignisse ließen nicht lange auf sich warten. Heinrich der Löwe geriet wegen Felonie in Reichsacht, verlor seine Herzogtümer und musste ins Exil nach England. Mit dem Herzogtum Bayern belehnt aber wurde nun Otto von Wittelsbach, der mit seiner tollkühnen Tat nicht nur seine Lehenstreue bewiesen, sondern auch den Kaiser und das Restkontingent seines Heeres aus einer überaus prekären Lage befreit hatte. Wenn man bedenkt, dass das Haus Wittelsbach in der Folge mehr als 700 Jahre Bayern regieren konnte, so wird man nicht zuletzt diese Ereignisfolge als eindrucksvolles Beispiel emotional motivierter und politisch praktizierter Dankbarkeit einordnen können.

Wie schon erwähnt, erfolgten vergleichbare Sequenzen im gesamten Verlauf (nicht nur, aber auch) der abendländischen Geschichte. Kaiser und Könige belehnten ihre Feldherren für erfolgreich geschlagene Schlachten oder große staatsmännische Dienste mit Herrschaften, Titeln und Gütern unterschiedlicher Größenordnung. Dem Herzog von Marlborough (1650 - 1722) überließ Queen Anne für die gewonnene Schlacht bei Blenheim im Spanischen Erbfolgekrieg das prachtvolle Gut „Blenheim Place", wo unter anderem sein Nachfahre Winston Churchill geboren wurde. Den Sieg des Marschalls Ney über die Österreicher in der Schlacht bei Elchingen dankte ihm Napoleon, indem er ihn zum Herzog von Elchingen ernannte. Und Kanzler Bismarck (1815-1898) wurde von Kaiser Wilhelm I. zum Dank für seine großen staatsmännlichen Dienste und diplomatischen Erfolge gefürstet und zum Herzog von Lauenburg erhoben.

Was auf höchster soziopolitischer Ebene geschah, und geschieht, geschah und geschieht aber stets auch auf mittlerer Ebene und im Kleinen. Förderung wurde, wenn nicht stets, so doch zumeist mit Förderung beantwortet und (im Sinne des eingangs Gesagten) ausgeglichen. Schon römische Autoren prägten für diesen, ohne den Motivationsgrund der Dankbarkeit kaum verständlichen – Sinnzusammenhang das Sprichwort „Manus manum lavat" – Hand wäscht Hand.

Was für die Politik der Vergangenheit galt gilt auch für die Politik der Gegenwart. Die Namen und die Formen haben sich verändert, nicht aber die ihnen zugrundeliegende Sequenzlogik. Auch in diesem Zusammenhang gilt, was ein Wandlungsbild des ältesten Weisheitsbuches der Welt mit den Worten zum Ausdruck bringt: „Man kann die Stadt wechseln, aber nicht den Brunnen" (I Ging, Erstes Buch). Auch wer in der heutigen Zeit in eine politische Machtposition gelangt, wird bemüht sein, diejenigen, die ihm/ihr dazu verholfen haben, im Rahmen seiner/ihrer Möglichkeiten ebenfalls zu einer attraktiven Stellung zu verhelfen, wobei neben der dankbaren Anerkennung von deren Beitrag zum eigenen Aufstieg oft auch als Zusatzmotiv die Absicherung der eigenen Position eine nicht unerhebliche Rolle spielen dürfte. Wer sich auf einer Leiter frei bewegen möchte, muss auch für die Stabilität der unteren Sprossen nach deren Überwindung Sorge tragen, um es metaphorisch auszudrücken.

Wo in der heutigen Politik der Weg in die Führungspositionen des Staates über politische Parteien und Wahlen führt, liegt das nahe, was wir täglich erleben: Zwar *takes the winner (not) all, but a lot.* Wer Wahlen gewinnt und Kanzler oder Ministerpräsident wird, wird zahlreiche hochbesoldete Minister, Staatssekretäre und sonstige leitende Beamte ins Amt hieven können, wird dabei aber in aller Regel Mitglieder der eigenen Partei (die ja in erster Linie ein ‚Wahlverein' ist) berücksichtigen wollen und auch müssen. Führt in den parlamentarischen Demokratien der Weg zur Macht aufgrund eines nicht eindeutigen Wahlsieges über eine Koalition mit anderen Partien, so sind beim „Teilen" der politischen Beute auch deren herausragende Exponenten zu berücksichtigen. Dass dabei das psychologische Element der Dankbarkeit kaum mehr eine Rolle spielen dürfte, wohl aber die zwangsläufige Einhaltung der politischen Spielregeln und zumal die Logik des „Do-ut-des" (Ich gebe, damit Du gibst) liegt auf der Hand.

Der skizzierte Prozess erfolgt aber nicht nur auf der obersten Ebene der Politik – er setzt sich nach unten fort. Wer bekommt einen aussichtsreichen Listenplatz für die Bundestags- oder Landtagswahl? Auch insoweit geht nicht immer alles „demokratisch" zu. So manches geschieht durch Intervention der Parteioberen und wird dann irgendwie zurechtgerüttelt. Vieles wird auch im Zeichen von Do-ut-des-Absprachen geregelt. Und bei all dieser Geschäftigkeit im Umkreis von Machtstreben, Machtgewinn und Machterhalt spielt auch das unsterbliche soziale Gleitöl der Sympathie oder auch der Getriebe-Sand Antipathie eine nicht unbedeutsame Rolle. Auch diese nicht zu unterschätzenden Faktoren fördern oder bremsen die Dialektik politisch praktizierter Dankbarkeit, die sich keineswegs auf die Parteipolitik beschränkt, sondern auch vor der Zivil- und von der Militärverwaltung nicht Halt macht.

4. Dankbarkeit in Wirtschaft und Gesellschaft

Was für alle anderen Lebensbereiche gilt, gilt auch für Wirtschaft und (Zivil-)Gesellschaft. Wenn es in der

Politik in erster Linie um Machtgewinn und Machterhalt geht, so geht es in der Wirtschaft in erster Linie um
materiellen Gewinn und um den Weg zu diesem Ziel.
Auch auf diesem Weg freilich spielt nicht nur der Einsatz von monetärem Investitionskapital, sondern – als
ständiges Gleit- und Begleitmittel – der Einsatz von
sogenanntem Humankapital eine nicht unbedeutende
Rolle. Schon die Entscheidung, von wem Maschinen
und Waren bezogen, an wen Waren verkauft und welche technischen Produktions- und sozialen Vermitt-
lungsstrukturen gewählt werden, folgt nicht ausschließlich ökonomischen Erwägungen. Insoweit gilt für die
Wirtschaft ganz Ähnliches wie für die Politik, zumal
Unter- und Hintergrundmotive hier zumeist noch weniger offenbar werden als in der Politik, in deren Bereich oft enthemmt wirkende Akteure à la Trump doch
eher die Ausnahme bilden.

Was für die Wirtschaft gilt, gilt auch für die allgemei-
ne Zivilgesellschaft, deren diversen Formationen sie
trägt, belebt und zumeist auch bereichert. Es gilt für
Sport-, Kultur- und Sozialverbände und –vereine ebenso wie für wissenschaftliche Institute, wenn dies in der
Regel auch nur für *Insider* erkennbar ist und oft nach
außen hin hermetisch abgesichert wird. Selbst bei einem
genaueren Blick auf die Karriereleitern in den christlichen Kirchen ist die Wirksamkeit der Dankbarkeitsdialektik ab und an erkennbar. In jüngster Vergangenheit
war das Beziehungsgefüge bei Benedikt XVI. schwer
übersehbar, und auch beim nachfolgenden Papst Fran-
ziskus hörte man aus Kirchenkreisen Entsprechendes.
Solche Zusammenhänge haben ja auch *per se* nichts An-

rüchiges, bestätigen nur „des Menschen Hörigkeit", um einen Buchtitel des englischen Romanciers William Somerset Maugham zu zitieren, seine Eingebundenheit also in naturgesetzliche Gegebenheiten.

Die Macht der Dankbarkeit konnte der Autor selbst schon in seiner Kindheit und Jugend auf eine sehr existenzielle Weise erleben. Als nicht-jüdischer Unternehmensberater und Wirtschaftsprüfer hatte sein Vater in den späten 30er- und Anfang der 40er-Jahre einige jüdische Industrielle als Großkunden. In der Sprache der Nazis leitete er mithin als „Judenknecht" eine unliebsame „Judenkanzlei", was ihm die Degradierung vom Hauptmann der Reserve zum Unteroffizier, die Schließung seiner Kanzlei, Gestapo-Haft und letztlich auch die Verfrachtung an einen besonders verlustreichen Frontabschnitt einbrachte. Als er dann aber wunderbarer Weise doch Krieg und russische Gefangenschaft überlebte, fand er sich 1946 unversehens und ausgestattet mit allen Insignien sozioökonomischer Macht als Generaldirektor zweier großer Unternehmen wieder. Die aus England und den U.S.A. zurückgekehrten Eigentümer der sofort wieder „ent-arisierten" Unternehmen hatten nichts Eiligeres zu tun als dem Mann, der ihnen auf verschlungenen Pfaden die Flucht nach Westen ermöglicht und damit das Leben gerettet hatte, ihre Werke anzuvertrauen. Zwar war es für sie sicher auch ein Akt der Vernunft, ihre Unternehmen einem vertrauenswürdigen Wirtschaftsfachmann anzuvertrauen – aber eben auch ein Akt der Dankbarkeit.

Die Gezieltheit und Intensität dieser Übergabe aber und deren Einbettung in warmherzige Dankbarkeit wurde für den Autor zu einem bleibenden Eindruck, der seinem Leben eine Richtung gab, die ohne dieses Ereignis und seine sozioökonomischen Folgen kaum denkbar gewesen wären. Wenn er selbst für diese glückhafte Schicksalswende nicht hinreichend dankbar gewesen sein sollte, so wird dies wohl seinem damals noch „zarten Alter" zuzurechnen sein. Dass sein Vater später den Wiederaufbau unserer zerstörten Pfarrkirche nachdrücklich unterstützte und unter anderem eine Kirchenglocke spendete dürfte jedoch ein Indiz dafür sein, dass sich die Dankbarkeitssequenz, wenn auch eher in vertikaler als in horizontaler Blickrichtung fortsetzte.

Nicht zuletzt solche Fortsetzungszusammenhänge verweisen das um Ausgleich und Harmonie kreisende Element der Dankbarkeit eher in den Lichthof als in das Untergeschoss des menschlichen Lebens. Und dies obgleich nicht zu leugnen ist, dass auch ein „Großtyrann" (Bergengruen) seinen Schergen für die Ausführung seiner schändlichen Anordnungen dankbar sein kann – eine „Dankbarkeit" freilich, deren mephistopheletischen Routiniertheit und Glätte jeder innere Glanz abgeht und diese Form der Dankbarkeit zur bloßen Sozialtechnik werden lässt.

5. Dankbarkeit in Kunst, Literatur und Internet

Auch in der Sprach- und Bildkunst wird das Thema Dankbarkeit als ein zentraler Aspekt der Mitmenschlichkeit immer wieder behandelt. In bunter Vielfalt berichten Märchen, Legenden und Romane von „guten Taten", die dann zu gegebener Zeit mit gleicher Münze vergolten werden. „Der Ursprung der Dinge ist das Grenzenlose", heißt es bei dem Vorsokratiker Anaximander (610-547 v. Chr.). „Woraus sie entstehen, darin vergehen sie auch mit Notwendigkeit. Denn sie leisten einander Buße und Vergeltung für ihr Unrecht nach der Ordnung der Zeit". Bei diesem (zumindest auch) Hinweis auf die Dialektik des karmischen Gesetzes handelt es ich um ein Fragment. Mit Fug und Recht annehmen darf man, dass das nicht erhaltene Pendant zu diesem Diktum lautet: „Die Dinge leisten einander Lohn und Vergeltung nach dem Maß ihrer Gerechtigkeit und der Ordnung der Zeit". Eine Feststellung dies, die auch die emotionale und faktische Dynamik der Dankbarkeitsdialektik umschließt.

Das vielleicht früheste Beispiel dieses literarischen, auf Weisheit und Moral ausgerichteten Genre ist die Geschichte vom Löwen und der Maus, die wir dem Fabeldichter Äsop (6. Jh. v. Chr.) verdanken: Ein schlafender Löwe wird in seiner Höhle von einer über ihn hinwegtrippelnden Maus gestört, hält sie mit seiner Pranke fest, tut ihr aber nichts zuleide. Die dankbare Maus revanchiert sich, indem sie das Fangnetz von Löwenjägern, in das der Löwe wenig später gerät, mit ihren spitzen Zähnen durchtrennt und dem Löwen so seine Freiheit zurückgibt.

Aus römischer Zeit stammt eine ähnliche, um das Löwenmotiv gesponnene Geschichte des römischen Autors Aulius Gellius (125-180 n. Chr.). In „Androklus und der Löwe" geht es um einen dankbaren Löwen: Der von seinem Herrn misshandelte Sklave Androklus entzieht sich der Willkür seines Herrn, flieht und findet

Zuflucht in einer Höhle, wo ihn ein humpelnder Löwe besucht und ihm hilfesuchend seine Pranke hinhält. Androklus zieht ihm einen Dorn aus der Pranke und wird nun vom dankbaren Löwen versorgt, der seine Beute mit ihm teilt. Als sich Androklus nach geraumer Zeit aus der Höhle wagt, wird er gefangen, nach Rom verfrachtet und zum Tierkampf in der Arena verurteilt. In der Arena steht er dann wunderbarerweise „seinem" Löwen gegenüber, der ihm die Füße leckt und ihn auch noch gegen einen Leoparden verteidigt. Das Happy End: Beide werden begnadigt.

Vom Überlieferer dieser Geschichte werden „Die afrikanischen Nächte" aus dem Werk von Apion Pistonikes als Quelle benannt. Dass das Motiv aus Afrika stammt ergibt sich schon aus dem Umstand, dass es in Italien nun mal keine Wüsten, Steppen und Löwen gibt. Ein anderer Überlieferer der Löwengeschichte in seinem Werk „De natura animalium", Claudius Aelianus (175-235) stammte aus Palästina, erwarb dann aber das römische Bürgerrecht und lebte fortan in der Hauptstadt des Reiches.

Auch die christliche Version des so beliebten (weil die Bedingtheit von Macht und Milde thematisierenden) Löwenmotivs wird in die nordafrikanische (damals syrische) Wüste verlegt, wohin sich der gelehrte und als heiligmäßig geltende Bibelübersetzer (Vulgata) Kirchenvater und Kirchenlehrer S. E. Hieronymus (349-419/20) drei Jahre lang zurückgezogen hatte. Auch Hieronymus soll einem ihn in seiner Höhle hilfeheischend besuchenden Löwen einen Dorn entfernt haben, worauf ihm der Löwe aus Dankbarkeit zum Beschützer und Helfer wurde. Obwohl ungesichert ist, ob Hieronymus tatsächlich als spartanischer Einsiedler in einer Höhle lebte oder sehr viel komfortabler auf einem ihm von einem Gönner als Wohnsitz überlassenen Landgut, hat sich die sehr viel asketischere, pietätvollere und legendentauglichere Vision nur teilweise durchgesetzt. Sowohl das Gemälde Antonellos da Messina von 1475, als auch Albrecht Dürers Kupferstich von 1514 verweist eher auf die weniger asketische Variante. Sein „Hieronymus im Gehäus" zeigt den Teilzeit-Eremiten und Bibelübersetzer mit Stundenglas, Totenkopf und mächtigem Löwen zu Füßen vor einem Schreibpult in holzgetäfelter Stube. Dieses Bild passt eher zu dem aus der römischen Aristokratie stammenden Kirchenmann, der sich nach einem Alptraum selbstkritisch fragte, ob er nicht eher Ciceronianer sei als Christ. Die Phantasie der frommen Gläubigen hat die angeblichen Hilfeleistungen des „lammfromm" gewordenen Löwen im Sinne der Gerechtigkeit mit blühender Phantasie ausgeschmückt.

Dass das Motiv „unsterblich" ist, zeigt auch die Tatsache, dass George Bernard Shaw es in seinem Theaterstück „Androcles and the lion" von 1912 erneut thematisiert hat. Auch insoweit sollte die „Schaubühne" im Sinne von Friedrich Schiller wieder ihre Aufgabe als „moralische Anstalt" wahrnehmen. Im Jahre 1957 folgte unter diesem Titel eine Verfilmung der Thematik, wobei freilich aus dem afrikanischen Sklaven Androklus der klassischen Überlieferung ein römischer Schneider gemacht wurde, dessen Geschichte dann auch eine andere Entwicklung nimmt, jedoch denselben Dankbarkeits-Clou aufweist. Stimmigerweise wird das Thema im 20. Jahrhundert auch von einer Reihe von Kinderbüchern aufgegriffen. Für dieses literarische Genre geht es ja nicht nur um „die Moral von der Geschicht", sondern als wesentliche Zutat auch um die Dialektik von ‚Groß' und ‚Klein', um prickelnde Spannung und um den für Kinder so wichtigen Bezug zu Tieren. Und von all' dem hat gerade die Geschichte von Androklus viel zu bieten.

Für eine bedeutsame literarische Kategorie – die Memoiren-Literatur nämlich und Kommentare zum Älterwerden – spielt das Thema „Dankbarkeit" eine wichtige Rolle. Kaum ein zu dieser Kategorie zählendes literarisches Werk verzichtet darauf, zu betonen, wieviel der Autor oder die Autorin „dem Leben" trotz vielleicht auch bitterer Erfahrungen zu verdanken hat. Nicht selten sind Lebenserinnerungen in erster Linie Dokumente der Versöhnung mit dem jeweiligen Schicksal und damit auch Dokumente der Be-friedung und der Zu-frieden-heit. Und nicht selten durchzieht solche Schriften auch das in Glückhaftes und Zuversichtliches eingebettete „Per Aspera ad Astra-Motiv". Statt vieler anderer nenne ich in diesem Zusammenhang die dem Thema „Altern" gewidmeten Schriften von Marianne Koch und Elke Heidenreich. Das Resumé der Letzteren nach einem Interims-Rückblick auf Höhen und Tiefen: „Mein Grundgefühl ist nicht Verlust, mein Grundgefühl ist: „Dankbarkeit"

Die literarischen Spiegelungen der Thematik sind jedenfalls dazu angetan, dem Leser die bunte Vielfalt des Motivationsfeldes für Dankbarkeitsimpulse und Dankbarkeitsgesten vor Augen zu führen. Wem es an solchen Impulsen oder auch an der Phantasie, sich deren Anlässe vorzustellen, gebricht, dem ist die Lektüre der „Buddhistischen Geschichten über den Weg zum Glück" des aus England stammenden, in Australien als Abt eines tibetanisch-buddhistischen Klosters wirkenden Mönchs Ayan Brahm zu empfehlen, die im Lotos-Verlag unter dem Titel „Die Kuh, die weinte" erschien und zum Bestseller wurde. Brahms launige Erzählkunst führt den Leser nicht nur auf die Spitze von Maya-Pyramiden und in Gefängniszellen, sondern auch in mentale Labyrinthe, aus denen sich stets Dankbarkeits-perspektiven eröffnen. So etwa die jenes Häftlings, der sich für zutiefst dankbar erklärte, seine Strafe in einem Gefängnis mit Rundumversorgung abbüßen zu dürfen und nicht in einem buddhistischen Kloster mit all' seinen moralischen Erwartungen und täglichen Mühsalen! Beispiele wie dieses zeigen, dass es fast ausschließlich eine Frage des Blickwinkels ist, ob eine Lebenssituation als belastend empfunden werden kann oder eher als ein Glücksfall, für den man dem Schicksal oder dem „Himmel" dankbar sein kann. Und erst recht gilt dies, wenn man auch noch die Dimension der Zeit mit einbezieht.

Eine alte chinesische Weisheits-Legende erzählt die Geschichte eines Bauern, dessen einziger Sohn, auf dessen Hilfe er angewiesen war, sich das Bein brach, worauf die Nachbarn kamen und ihn bedauerten. Kurz darauf wurden Soldaten für einen Feldzug des Kaisers ausgehoben. Da dem Bauern und seinem Sohn dies angesichts seines Unfalls erspart blieb, kamen die

Nachbarn wieder und betonten, wie dankbar er doch dem Schicksal für den Unfall sein müsse. Was in manchen Fällen die menschliche Phantasie zu leisten vermag, besorgt in anderen die Zeit…

Weisheiten, die seit alters her mündlich, handschriftlich oder – seit der Erfindung des Buchdrucks im Printverfahren festgehalten und als Druckerzeugnisse verbreitet wurden, begegnen uns heute im Zeichen der sich ständig ausweitenden Digitalisierung zunehmend im Internet. Unter dem Stichwort „Dankbarkeit" findet man etwa die Geschichte vom „weisen Lehrer", der seinen Schülern durch eine betont lebensbejahende Grundhaltung ein Vorbild sein wollte. Als sich eines Tages die Wetterverhältnisse besonders ungemütlich entwickelten und ein heftiger Sturm über die Schule hereinbrach erwarteten die Schüler einen nun endlich auch grantig „wetternden" Lehrer. Der aber – so die erbauliche Geschichte – sprach statt dessen ein Dankgebet: „Oh Gott/heute ist wohl ein ungünstiger Tag,/aber wir danken Dir/für die Kraft des Windes und des Regens,/die Du uns so deutlich zeigst./Wir danken Dir auch, dass nicht jeder Tag/so ungemütlich ist und dass auch dieser Tag/vergehen wird/und wir danken Dir einfach,/dass Du in allen Dingen und in allen Wesen/anwesend und wirkend bist."

So schlicht, schmucklos und bieder dieser erbauliche Text auch anmuten mag, so atmet er doch eine innere Wahrhaftigkeit, vor deren Tiefe jede pseudo-elitäre Ironie und Arroganz dahinschwinden muss. Man mag es als ein Zeichen der Hoffnung sehen, dass sich auch Texte solcher Art im Kaleidoskop des weltweiten Digitalnetzes finden und behaupten können ohne vom borbornierten Zelotismus einer weithin eher auf Skepsis, Kritik, Rivalität und Oberflächlichkeit als auf geistigseelische Harmonie ausgerichteten Kommunikationsmentalität hinweggeschwemmt zu werden.

Menschen, die bereit sind, sich auf die „Magie der Dankbarkeit" (auch dieser Topos des Lebensberaters Emanuel Charis findet sich im Internet) einzulassen, können reich beschenkt werden. Neben ihrem offenkundigen Dasein können sie Einblicke in ein im Hinter- und Untergrund ihrer Wahrnehmung hypothetisch existierendes „zweites Leben" gewinnen, dem sie sich normalerweise aus nachvollziehbaren Gründen verweigern. Noch bedeutsamer freilich als die Vergegenwärtigung hypothetischer Wirklichkeiten ist, dass durch eine solche Bewusstseinserweiterung überhaupt erst Raum für die – zu innerer Seelenruhe führende – Ausgleichsdynamik der Dankbarkeit geschaffen werden kann. Um eine Dynamik nämlich handelt es sich ohne Zweifel. Im selben Maße, indem man sich mit aller Kraft dem lähmenden Basiliskenblick all dessen entzieht, was im Vordergrund des „ersten" Lebens als leidvoll empfunden wird und damit den Blick öffnet auf all' das, was einem vom Schicksal an Glückhaftem geschenkt wurde, verändert sich die gesamte mentale Szenerie: Zum Ersten wird der Weg frei zur leichteren Gewinnung der eigenen Seelenruhe, zum Zweiten wird durch die hierdurch bewirkte Erhöhung der eigenen Strahlkraft ein mentales Leuchtfeuer entzündet, das auch anderen Wegsuchern die Richtung zu einem in und aus Dankbarkeit befriedeten Leben weist.

Eine solche Dankbarkeitspraxis als „magisch" zu empfinden und zu bezeichnen erscheint mithin durchaus legitim. Wer sich ihr aktiv verschreibt, wird sowohl im Privaten als auch in Gesellschaft und Politik zum Brückenbauer und Friedensbringer – und dies wohl auch weitgehend unabhängig davon, ob der Blick der Dankbaren nur selbstverloren in die Runde geht oder ob er sich vertrauensvoll „nach Oben" wendet. Völlig geschlossen freilich erscheint der Schicksalskreis in besonderem Maße für Diejenigen, die das Alpha und das Omega ihres Lebens im Jenseits sehen. Wer Dankbarkeit mit diesem Blick nach oben skandiert, wird in den Tenor des bereits zitierten Ergebenheitsgebetes von Eduard Mörike einstimmen und die Überzeugung des christlichen Kirchenvaters Augustinus teilen, der im inneren Gespräch mit seinem Gott verkündet: "Kein Herz wird Ruhe finden, ehe es ruht in Dir". Ein mit Gottvertrauen gelebtes Leben in Dankbarkeit wird aus dieser Sicht zum mentalen ‚Himmel auf Erden'.

III. Dankbarkeit im Auge der Verzweiflung

Zuweilen ergeben sich Lebenssituationen, in denen es auch dem gelehrigsten Weisheitsschüler äußerst schwerfallen dürfte, die eigenen Gedanken und Gefühle auf einen – wie auch immer trassierten – Dankbarkeitspfad zu lenken. Wie die Erfahrung lehrt, kann im Extremfall so viel (sei es nun selbst verschuldetes oder gänzlich unverschuldetes) Unglück über Menschen hereinbrechen, dass sich die Feder sträubt, Beispielhaftes niederzuschreiben. Nennen wir es das Hiob-Syndrom.

Wenn wirklich „alle Stricke reißen", nichts mehr bleibt und Bestand hat, was Halt verspricht und Zuversicht ermöglicht – was dann? Wie soll oder kann man mit einer Situation umgehen, in der man feststellen muss „Es geht nichts mehr", und dann auch keineswegs „irgendwo ein Lichtlein her" kommt, wie es das kindlich-vertrauensvolle Hoffnungsverslein verspricht? Was dann also? Bleibt dann noch Raum für Dankbarkeit in einer Lage, die schon die deutsche Sprachpraxis euphemistischerweise als zumindest „undankbar" bezeichnen würde?

Eine ihm selbst als verzweifelt erscheinende Situation kommentierte ein mit dem Autor befreundeter Medizinprofessor mit den Worten „Man kann nicht tiefer fallen als in Gottes Hände." Ein schönes Wort, zu dem die bereits erwähnte Dankbarkeitsvision Eduard Mörikes passt. Wie aber könnte dieses schöne Wort für weniger religiös empfindende Geister überzeugend übersetzt werden?

Auch diesen bleibt – wenn nicht als Lichtblick, so doch als Abschluss quälender Gefühlsverknotungen - die weniger banale als vielmehr triviale (das heißt also grundlegend wichtige) Erkenntnis, dass auch in aussichtslos erscheinenden Situationen „ist, was ist" und dass es auch „ist, wie es ist". Auch in der Einsicht in eine schicksalhafte Unabänderlichkeit mag eine Art von Trost liegen. Dass die Hoffnung zuletzt stirbt, wie der Volksmund weiß, ist ja gerade *kein* Trost. Die Hoffnung stirbt deshalb zuletzt, weil sie zuunterst in der Unheils-

„Büchse" der Pandora liegt und den Unglücklichen zwischen der Scylla der Hoffnung und der Charybdis der Verzweiflung zermürbt. Wer sein unabänderlich erscheinendes Schicksal annimmt, braucht wenigstens diese Zweifelsqualen nicht mehr zu ertragen. Sich in sein Schicksal zu ergeben ist mithin auch für weniger hoffnungsvolle Jenseitsperspektiven Hegende ein Pendant zum tiefen Fall in Gottes Hände. Für den reuigen Hiob erbrachte Letzteres die erneute Schicksalswende: „Und der Herr sah an Hiob…und gab [ihm] Zwiefältiges als er gehabt hatte (Hiob, 42, 9/10)". Auch für Diejenigen aber, denen in einer Hiobslage die Hoffnung auf „Zwiefältiges" (wie Martin Luther übersetzt) vermessen oder absurd erscheinen mag, ist nicht auszuschließen, dass trotz und nach all ihren materiellen und/oder ideellen Schicksalsschlägen dann doch wieder „irgendwo ein Lichtlein her" kommt, für das sie dankbar sein können. Auszuschließen nämlich ist dies nie, wie die Erfahrung lehrt. Wie sollte man sonst die Situation jener Touristen erklären, die in einer Luftblase unter einem gekippten Ausflugsboot im Roten Meer einige Tage überlebten ehe sie gerettet wurden? Ob sie sich nur „in ihr Schicksal ergeben" hatten oder ob sie betend „in Gottes Hände" fielen, muss dahingestellt bleiben. Grund zu Dankbarkeit jedenfalls hatten sie nach ihrer geradezu „wunderbaren" Errettung auf jeden Fall.

D. Dankbarkeit im Stundenglas
Ein Tagebuch

Jede Lebensphilosophie hat sich an der Lebenspraxis zu bewähren. Dies gilt auch für Theorie und Praxis der Dankbarkeit. Zur Abrundung seiner theoretischen Einblicke in die Gedankens- und Gefühlswelt der Dankbarkeit hat sich der Autor deshalb auch die auf einen Monat begrenzte Niederschrift eines eigenen Stundenbuchs der Dankbarkeit auferlegt. Seine Sensibilisierung für dieses Thema wurde durch zwei schwere Schicksalsschläge verursacht, die ihn selbst Anfang des Jahres erschüttert hatten – den Sekundentod seiner langjährigen Lebensgefährtin sowie (durch diesen ausgelöste) schwere gesundheitliche Einbrüche. Obwohl dies auf den ersten Blick paradox erscheinen mag, haben ihn gerade diese Ereignisse auf die Magie der Dankbarkeit verwiesen. Mit dem nun folgenden, auf den letzten Monat dieses, das energetische Potential zur Selbstüberschreitung in sich bergenden (Un-)Glücksjahres mag ihr nachgespürt werden.

Sonntag, den 01.12.2024
Zum ersten Adventssonntag hatte ich mich mit einer altvertrauten heilkundigen Dame zum Mittagessen bei einem für seine leckeren Pizzen bekannten italienischen

Restaurant verabredet. Auf die Pizza freilich konnte ich gerne verzichten, zumal frische Miesmuscheln angeboten wurden. Serviert wurde zu den Muscheln unter anderem noch ofenwarmes, wunderbar krustiges toskanisches Brot. Der ebenso verführerischen wie herzhaften Brotkruste freilich konnten zwei meiner Schneidezähne nicht widerstehen, so dass ich in Sekundenschnelle den Anblick eines verspäteten Halloween-Monsters darbot. Dass sich meine Begeisterung für diesen Adventslunch danach in Grenzen hielt, dürfte nachvollziehbar sein.

Eingedenk der im Bundestag geäußerten Behauptung eines profilierten Politikers, dass Migranten sich ihre Zähne auf Staatskosten richten ließen, während Deutsche ewig auf einen Zahnarzttermin warten müssten, rief ich noch am Spätnachmittag desselben Tages meinen langjährigen, nun aber nur noch einen Tag in der Woche (und zwar freitags) bei einem Kollegen hospitierenden Zahnarzt an, der mir angesichts meiner Notlage sofort einen Termin für den nächsten (Montag-)Vormittag anbot, den er erst von seinem Kollegen in der nächsten Kreisstadt erbitten musste! Dass mit dieser Zusage mein Abend und meine Nachtruhe gerettet waren, dürfte nachvollziehbar sein.

Montag, den 02.12.2024
Bei der nicht über die Autobahn, sondern über eine idyllische Landstraße gewählten, gemächlichen Autofahrt zur nächsten Kreisstadt war ich von einem tiefen Gefühl der Dankbarkeit erfüllt. Dass ich dem Zahnarzt auch nach der Aufgabe seiner Praxis die Treue gehalten hatte quittierte er mit diesem äußerst ungewöhnlichen

Akt sofortiger der Nothilfe. Da ihm von dem Kollegen nur ein Zeitraum von circa anderthalb Stunden eingeräumt worden war, musste er nur für den Wiederaufbau meiner beiden Schneidezähne dieselbe Fahrt in die Kreisstadt unternehmen und dafür den ganzen Vormittag einsetzen ohne in einem besonderen Freundschaftsverhältnis zu mir zu stehen. Hinreichend Grund jedenfalls, dankbar zu sein und den für uns Menschen höchstens fragmentarisch zu erfassenden Hintergründen nachzusinnen. Und dies umso mehr als ich mich schon um die Mittagszeit nach Verlassen der Praxis optisch wie eine (wenn vielleicht auch etwas verhaltene) Zweitausgabe von George Clooney oder Kevin Costner fühlen konnte…

Dienstag, den 03.12.2024

Als nunmehr Hausmann und zuweilen Koch wider Willen habe ich mich auch um das Funktionieren von Küchengeräten zu kümmern. Seit Jahren wurde und wird in unserem (jetzt also meinem) Haushalt mit (Flaschen-)Gas gekocht, was ich ebenso angenehm finde wie im Auto die Knüppelschaltung, weil gleich etwas „passiert", wenn man den Herd anschaltet. Mein Gasfeld hat fünf Brennstellen unterschiedlicher Größe, was ja ganz schön wäre, wenn sie funktionieren würden. Nur zwei Brennstellen aber funktionierten so wie sie sollten. Die Küchenfirma, die das Gasfeld geliefert hatte, verwies mich auf den Kundendienst von Miele, der mir aber erst einen Termin nach mehreren Wochen in Aussicht stellte. Am 3. Dezember aber war es soweit. Ein Techniker rückte an und stellte dann gleich fest, dass es sich NICHT um ein Miele-Kochfeld handle und er deshalb auch aus Haftungsgründen nicht Hand anlegen dürfe. Auch in dieser Situation hielt sich meine Begeisterung über diese Auskunft in Grenzen…

Als der Techniker, wohl ein Endfünfziger oder Anfangsechziger, meine Ratlosigkeit sah, bemühte er sich um etwas, was mir selbst gar nicht möglich gewesen wäre – die Feststellung des Fabrikates und der Modellnummer. Danach wandte er sich an den Kundendienst der betreffenden Konkurrenzfirma und drängte den Kollegen zu einem kurzfristigen Termin – eine Bemühung, die dann auch gelang. Bereits für Freitag, den 6.12. wurde mir ein Kundendiensttermin versprochen. Obwohl auch diese Bemühung noch einige Zeit in Anspruch nahm, erklärte der Kundendienstler der Firma Miele den Termin als Kulanztermin, was mir nicht nur die Bezahlung des stattlichen Regelsatzes für solche Kundendiensttermine ersparte, sondern auch die Erkenntnis bescherte, dass das Herz der Welt noch nicht gänzlich erkaltet ist.

Dass ich meine Dankbarkeit für diese liebenswürdige Hilfe mit einer leckeren Adventsgabe zum Ausdruck bringen konnte, wurde dann von meinem „Wohltäter" seinerseits dankbar quittiert…

Ich hoffe und vertraue darauf, dass sich lebensfreundliche Gefühle und Taten in Zeit und Raum ebenso schnell und kraftvoll fortsetzen wie lebensfeindliche. Ich wiederhole den Vorsokratiker Anaximander: „Die Dinge leisten einander Lohn und Vergeltung nach dem Maß ihrer [Un]Gerechtigkeit und der Ordnung der

Zeit" – eine Weisheit, deren potenzielle Ambivalenz unübersehbar ist.

Schon am Sonntag waren mir Grüße einer früheren Doktorandin ausgerichtet worden, die ich im Lauf der Jahre völlig aus den Augen verloren hatte. Heute erhielt ich nun auch noch von meiner sonntäglichen Lunchpartnerin deren Mailadresse mitgeteilt. Vielleicht handelte es sich dabei – wie so oft – um Telepathie. Gerade mit dieser ehemaligen Doktorandin, die vorübergehend auch noch eine Assistentenstelle bekleidet hatte, gab es nämlich im Hinblick auf den Verlauf ihres (damals glänzend absolvierten) Rigorosums durchaus noch Diskussionsbedarf, was mir erst geraume Zeit später bewusstgeworden war. Auch insofern hatte ich also Grund zu Dankbarkeit, dass mir diese Möglichkeit nun durch „Zufall" (der wohl kein Zufall war) eröffnet werden sollte.

Über Sinn und Unsinn des Uralt-Spruches „Wen die Götter lieben, nehmen sie früh zu sich" kann man lange rechten. Sicher ist jedenfalls, dass ein langes Leben die Möglichkeit bietet, in vorgerücktem Alter das eigene Leben noch einmal zu überblicken und zu überdenken und eventuell auch noch den einen oder anderen neuen Akzent zu setzen, wo Ergänzungs-, Ausgleichs- oder Korrekturbedarf erkannt wird. Wer das Bedürfnis zu Derartigem in sich verspürt, wird jedenfalls Dankbarkeit empfinden, wenn ihm oder ihr Gelegenheit hierzu geboten wird.

Mittwoch, den 04.12.2024

Der Tag beginnt trüb und regnerisch – eher ein November- als ein Dezembertag. Und dennoch: Ich komme schwungvoll aus dem Bett, kann mein Schlafzimmer auf meinen eigenen Beinen stehend und gehend verlassen, meine Morgengymnastik am offenem Fenster machen, den von einer Vortragsreise nach Korea mitgebrachten Bambusklopfer zur Belebung meines Blutkreislaufs nutzen und mich elektrofrei nass rasieren. Ist nicht schon dies ein Grund zur Dankbarkeit? Zahlreiche Mitmenschen, die dazu nicht mehr in der Lage sind, würden mir – wenn um Bestätigung gebeten – lebhaft zustimmen. Und wer einmal ein fades Krankenhausfrühstück samt abgepackter Butter und Industriekonfitüre „genossen" hat, wird auch wissen, welche Wohltat ein frisch aufgebrühter Schwarztee samt Vollkornbrot, einem Frühstücksei und selbstgemachter Marmelade aus eigenen Gartenfrüchten bedeuten kann. Wüsste man es nicht besser, könnte man dann „Was will man mehr?" rhetorisch fragen.

Ja, *mehr* kann man sich immer wünschen – aber sehr viel weniger zu bekommen, ist eher die Regel. Deshalb also auch insoweit hinreichen Grund zu Dankbarkeit. Und wenn dann auch noch nach getaner Morgenarbeit der von der Zugehfrau (einmal pro Woche) bereitete Lunch (heute mit Weinkraut, Kartoffelpüree und veganen Würstchen) wartet, mag einem nochmals der Gemeinspruch „Herz, was begehrst du mehr" auf die Lippen kommen...

Um dem Konglomerat der „kleinen Glücke", von denen ich in meinem Herder-Buch „Vom großen und vom kleinen Glück" (Freiburg 2019) sprach, die Krone aufzusetzen, brachte es meine, mit einem starken Ordnungsgen begabte Reinigungsfee auch noch fertig, den mir zugesandten, auf rätselhafte Weise gefalteten goldenen Advents- bzw. Weihnachtsstern zu entfalten, ehe sie das Haus verließ. Welche Wonne für einen sich nur allzu oft im Dschungel der irdischen Niederungen verirrenden „Tiger" des chinesischen Horoskops!

Donnerstag, den 05.12.2024

Seit Jahrzehnten hatte ich den Schwerpunkt meiner universitären Lehrtätigkeit auf die Mitte der Woche gelegt. Den Donnerstag hatte ich auch nach Abschluss meiner aktiven Beteiligung an der Studentenausbildung als meinen Institutstag für die noch anstehenden Publikationen beibehalten, zumal mir auch meine langjährige Sekretärin, Frau Schievelbein, an diesem Tag zur Verfügung steht obwohl sie inzwischen auch noch im Fachbereich Biologie der LMU arbeitet.

Die Donnerstage beginne ich daher in der Regel mit einem Kopf voller Detailaufgaben. Da ich aber schließlich von meinem Wohnort am Ammersee erst ins circa fünfzig Kilometer entfernte München gelangen muss und ich seit der Pandemiejahre der Ansteckungsgefahr wegen zumeist mit dem Wagen fahre, gilt der erste Blick dem Wetter. Da Schneefall nicht unwahrscheinlich war, war schon dieser heutige Blick ein Blick voll Dankbarkeit, da mir nicht gerade nach einer winterlichen Rutschpartie auf der Straße der Sinn stand. Erst einmal auf der mentalen Dankbarkeitsbahn angekommen blieb ich auf ihr auch bei meinen anderen morgendlichen Vorbereitungen.

Während der Morgengymnastik am offenen Fenster wurde mir – wiederum dankbar – bewusst, dass ich danach nicht erst Aschenputtel spielen und dann den Kachelofen heizen musste, sondern im angenehm temperierten Esszimmer frühstücken konnte ohne einen weiteren Einsatz als Heizer unternehmen zu müssen. Dies war schließlich nicht immer so gewesen. Das eiskalte dörfliche Lehrerhaus, in dem ich die Zeit unseres Bombenasyls in den Jahren 1944 und 1945 verbracht hatte, steckt mir noch immer in den Knochen. Und die nach dem Vorbild meines Vaters nun lebenslang vollzogene morgendliche Nassrasur mit *warmem* Wasser war natürlich – gemessen an jenen Kriegs- und unmittelbaren Nachkriegszeiten – ebenfalls eine inzwischen täglich als Selbstverständlichkeit genossene Annehmlichkeit. War es deshalb nicht höchste Zeit, sich dankbar daran zu erinnern, dass dies eben *keine* Selbstverständlichkeit war. Noch Ende der 50er Jahre erinnere ich mich, bei (damals noch über Land und nicht über Autobahnen erfolgten) Autofahrten nach Italien in Südtirol Schilder gesehen zu haben, die mit „Fließwasser" für Ferienquartiere warben. Und noch in den 70er- und 80er-Jahren musste meine Frau bei Zwischenaufenthalten im Burgenland in einem alten Weingut einen Pumpenschwengel betätigen um mir meine Nassrasur zu ermöglichen…

Kurzum: Schon die „normale" Morgentoilette bot, recht besehen, hinreichend Gelegenheit zu Dankbarkeit, so dass also auch mein „Institutstag" trotz trübem

Wetter „wohlbelichtet" begann. Und da dann auch die Hin- und Rückfahrt ohne Stau und ohne Schneetreiben absolviert werden konnte gab es (um einen burschikosen Berliner Lieblingsausdruck zu verwenden) „nichts zu meckern".

Freitag, den 06.12.2024
Dass der Tag gut begonnen hätte, kann man wirklich nicht behaupten. Dafür verantwortlich war nicht nur das nasskalte, stürmische Wetter, das nicht gerade dazu angetan war, sich freudig aus den Daunen zu schälen. Verantwortlich dafür war insbesondere ein wenig verheißungsvoller Traum. Im Traum wurde ich von einem *Durch*fall über*fallen* und konnte mich nur noch mit knapper Not ins Badezimmer retten. Laut althergebrachter Traumkunde eine Ankündigung unerfreulicher Ereignisse. Und da an diesem Tag der Rückflug meines auf Dienstreise befindlichen Sohnes Lucius aus Bangladesch anstand, brachte ich den Traum denn auch fatalerweise damit in Verbindung, zumal ich als hellfühliger „Fisch" meine Träume oft genug weniger als „Schäume" (wie es im Volksmund heißt) denn als zumindest tendenzielle Vorwegnahme von sich dann tatsächlich Ereignendem erfahren hatte.

Eine Umstimmung brachte dann das Eintreffen von Frau K., meiner „Montagköchin", die in dieser Woche ausnahmsweise ihren Einsatztag wechseln musste. Nach einem gemeinsamen kurzen Spaziergang, der bei Regen auch nicht gerade dazu angetan war, die Stimmung zu heben, unterhielten wir uns dann im Warmen über den tunlichen Umgang mit Träumen. Frau K., eine

frühere Heilpraktikerin, hatte mir mit ihrem groß-
schwesterlichen, aufbauend-zuversichtlichen Widderna-
turell schon des Öfteren „die Grillen vertrieben", wie
man zu meiner Großeltern Zeiten wohl formuliert hätte. Und so auch heute. In ähnlicher Weise wie dies
schon einmal mein früherer Doktorand Patrick Petit bei
einer unserer „Dreikönigsrunden" am Schondorfer
Kamin getan hatte, konnte sie mich davon überzeugen,
dass wir uns selbst bei Hellfühligkeit nicht unter das
Joch unserer Träume zu beugen bräuchten. Früher hatte ich solche oder ähnliche Botschaften auch schon
vernommen, sie konnten mich freilich nicht überzeugen. Darüber, warum dies nun möglich schien, könnte
ich weiter spekulieren, möchte es aber nicht. Gewiss ist
jedenfalls, dass „alles seine Zeit (hat) und seine Weise,
ein jegliches Beginnen unter der Sonne" (wie es in den
biblischen Sprüchen Salomons heißt). Und dazu gehört
auch das Setzen von Endpunkten.

Für mich jedenfalls wurde dieser eher trostlos begonnene Tag zu einem Wendepunkt in meinem Umgang mit (zumindest unerfreulichen) Traumsymbolen,
zumal man den „Fischen" ja eher die Neigung zu Skep-
tizismus und Pessimismus nachsagt. Wenn es wirklich
so ist, wie viele Philosophen und Mystiker es sahen,
dass man sowohl mit Spinoza von „Deus sive natura"
als auch mit Meister Eckart von „Deus in me, Deus in
te" sprechen kann, so muss es auch möglich sein, die im
Menschen wirkenden göttlichen Kräfte in lebensbejahende Bahnen zu lenken. Zuweilen, so scheint mir aufgrund einschlägiger Erfahrungen, haben im Traum
vermittelte prognostische Tendenzen durchaus einen

Wahrheitsgehalt, betreffen aber den Träumenden nicht direkt oder doch nur peripher. Dass sie doch in vollem Umfang auf den hellfühligen Träumer (zu)treffen ist nicht auszuschließen, aber auch nicht vom Schicksal besiegelt.

Die Einnahme dieser Perspektive empfand ich als einen in aller Bescheidenheit, aber auch Entschiedenheit vollzogenen Befreiungsschlag. Und ich bin nun zutiefst dankbar, dass auch dieser alles andere als hoffnungsvoll begonnene Tag eine unerwartet positive Wendung genommen hat.

Dass das besagte Gas-Kochfeld nach dem Besuch des für diesen Tag angemeldeten Kundendiensttechnikers wieder tadellos funktionierte, fügte dem positiven Stimmungswandel noch eine weitere positive Note hinzu. Von insgesamt fünf Kochfeldern hatten nur noch zwei funktioniert. Welch große Bedeutung doch in gewissen Lebenssituationen sonst als eher beiläufig oder banal erscheinende Umstände gewinnen können! Nicht zuletzt für einen Alleinlebenden ist das Kochen (ob nun geliebt oder ungeliebt) etwas eher Triviales als Banales – das heißt also etwas grundlegend Wichtiges. Schließlich leitet sich der Begriff des Trivialen vom „Trivium" ab, den drei Grundfertigkeiten der mittelalterlichen Pädagogik.

Samstag, den 07.12.2024
Gefeit bin ich gegen den Biss des „Schwarzen Hundes" (unter diesen Begriff fassten Winston Churchill und Charlie Chaplin, die Beide zu Anfällen von Depression neigten) keineswegs. Mich beißt der schwarze Hund am

Ehesten in der Zeit zwischen Erwachen und Aufstehen, weshalb es sich für mich auch als tunlich erwiesen hat, schnell aus den Federn zu kommen, so schwer mir dies gerade im Winter auch fällt.

Heute aber sollte mir die Abwehr des bissigen Gesellen rasch gelingen, da Lucius offenbar wieder, von Dakar in Bangladesch kommend, „gesund und munter" in Frankfurt gelandet war. Da er drei Wochen und daher ungewöhnlich lang in Indien und Bangladesch auf Dienstreise für seinen Arbeitgeber, die GIZ (Gesellschaft für Internationale Zusammenarbeit) war, war ich dieses Mal in Sorge gewesen und nun sehr froh und dankbar, ihn wieder wohlbehalten zurück zu wissen. Als „Dreingabe" empfand ich dann noch, dass meine (seit 32 Jahren separat lebende) Ehefrau Dorothee mich zum Essen eingeladen hatte und es nach dem Rezept meiner geliebten Stiefmutter Thilde zubereitete „Kässpätzle" gab – eine schwäbische Spezialität, der die meisten bayerischen Köche nicht gewachsen sind. Kässpätzle nämlich müssen „Fäden" ziehen, tun dies im Restaurant aber in den seltensten Fällen. Der Niedersächsin Dorothee aber, die in Thildes Kochschule gegangen war, gelang diese Kunst. Dass der Genuss von Schokolade Glückshormone (Endorphin) auslöst, ist bekannt. Dass dies aber auch richtig zubereitete Kässpätzle vermögen, kann ich bezeugen. Entsprechend groß war denn auch meine Dankbarkeit für diese kulinarische Überraschung am Vortag des Zweiten Advent.

Sonntag, den 08.12.2024

Welch' wunderbares Gefühl ist es doch, die üblichen „Morgengrillen" durch eine heiß-kalte Dusche wegschwemmen zu können! Danach kann man sich wohlgemut seinem Sonntagsfrühstück (heute „Sonntagsei" mit Räucherlachs) zuwenden und mit einem kraftvollen Bio-Schwarztee aus dem altrenommierten Bremer Teehaus Paul Schrader in Schwung bringen.

Da dass das nasskalte Wetter sich bei der Morgengymnastik am offenen Fenster nicht gerade animierend anfühlte war ich dankbar, mich auf den nachmittäglichen Adventskaffee im Hause (Kokott-)Weidenfeld freuen zu können, der die Gäste nicht nur kulinarisch, sondern auch im Blick auf den weihnachtlich geschmückten „Lichtgarten" schnell in eine wahrhaft vorweihnachtliche Stimmung versetzte. Bot schon die Vorfreude hinreichenden Grund zur Dankbarkeit, so erst recht die menschliche Wärme im Gespräch über „Gott und die Welt" mit vertrauten Freunden. Eine freudige Zugabe war mir auch die Anwesenheit eines – den Gastgebern als Arzt verbundenen – langjährigen Hörers meiner Vorlesungen zur Politischen Philosophie, die ich im Rahmen des Seniorenstudiums der LMU regelmäßig im Sommersemester abhalte. Dass der warme Glanz dieses adventlichen Zusammenseins bei der Heimfahrt wie ein bunter Schleier über den regennassen Straßen schwebte, ließ den Abschluss dieses Tages zu einem selten schwerelosen Erlebnis werden. Einem Erlebnis übrigens, das auch noch durch eine akustische Note bereichert wurde. Da ich etwas zu früh bei den Gastgebern angekommen war und sie nicht in

Verlegenheit bringen wollte, suchte ich die Wartezeit noch durch einen kleinen Spaziergang im Umkreis ihres Grundstücks zu überbrücken. Dabei hörte ich durch die Hecke hindurch das Plätschern des Brunnens, den sie einst auf meine Empfehlung hin an einem Feng-Shui-gerechten Platz errichten ließen. Dass ich dabei ein tiefes Gefühl der Dankbarkeit empfand, dass ein guter Gedanke dann auch von den Freunden zu deren und meiner Freude verwirklicht worden war, ist sicher nachvollziehbar. Wie viele ebenfalls gute Gedanken lassen sich doch *nicht* verwirklichen…

Montag, den 9.12.2024
Heute durfte ich mich auf zwei wichtige Helfer freuen – auf Frau K., deren zuversichtliche Grundhaltung mir immer wieder dunkle Gedanken vertreibt und den in der Kunst des Herbst- und Winterschnitts von Obst-bäumen kundigen Gärtner, der sich einiger Apfelbäume annahm und sich auch von regnerischem Wetter nicht abschrecken ließ. Solche Fähigkeiten zu einem an-nehmbaren Preis in Anspruch nehmen zu können, ist keine Selbstverständlichkeit. Ich bin deshalb auch dankbar, ihn wenigstens einmal im Monat für Ordnung im Garten sorgen zu sehen. Und jede Woche dankbar bin ich auch dafür, dass Frau K. montags die Regie in der Küche übernimmt. Rund um das von ihr bereitete Mittagsmahl finden wir uns immer wieder zu guten Gesprächen zusammen. Da sie im Hauptberuf als Heil-praktikerin wirkte, kreisen diese Gespräche oft um Fra-gen der körperlichen und seelischen Gesundheit. Was gäbe es Wichtigeres zu besprechen!

Dienstag, den 10.12.2024

Eigentlich hat die Politik in diesem höchst privaten Tagebuch der Dankbarkeit nichts zu suchen. Ihr habe ich mein analytisches Berufsleben als Professor für Politikwissenschaft gewidmet. Heute allerdings möchte ich doch eine Ausnahme machen und zum Ausdruck bringen, dass ich zutiefst dankbar dafür bin, dass einer der großen Unholde der globalen Szene, der (und dies auch noch als gelernter Arzt) für Massenmorde und Massenfolterungen verantwortliche syrische Diktator Baschar al Assad endlich gestürzt wurde! Gottes Mühlen mahlen zwar langsam, aber doch „trefflich fein". Dass diesem Menschenschinder in Moskau aus „humanitären Gründen" Asyl gewährt wurde, gehört zu jenen Absurditäten, die schwer zu schlucken sind, aber letztlich gegenüber dem erfreulichen Faktum der Befreiung des Landes von einem bösartigen Tyrannen als *quantité negligeable* abgetan werden kann.

Mittwoch, den 11.12.2024

Die roten Beeren im glänzend grünen Laub der Stechpalme versuchen, dem trüben Dezembertag wenigstens ein wenig Paroli zu bieten. Wie schön, dass der das Jahr über eher unscheinbare Busch wenigstens jetzt, wenn man sich nach Licht und Farbe sehnt, etwas zur Aufhellung der Atmosphäre beiträgt. Vielleicht kommt ja tatsächlich „alles zu seiner Zeit" (wie der Titel des Ammersee-Romans von Hans-Wolfram Geissler lautet). Gäbe es nicht solche kleinen Glanzlichter könnte man an Tagen wie diesem nur noch dafür dankbar sein, dass es allen anderen Menschen in „unseren Breiten" ebenso geht und geteiltes Leid eben doch nur „halbes Leid" ist. Aber es gibt sie. Und sei es (nur?) dass mir mein Enkel Konstantin wohlgefüllte Holzkörbe vor den Kachelofen stellt oder ich – wie eben geschehen – einen schönen handgeschriebenen (!) Weihnachtsbrief meines einstigen französischen Studienfreundes Jean-Michel Corre in Empfang nehmen darf. Nach dem Studium in Paris und Bologna, heiratete er eine für die Grünen ins Parlament gewählte belgische Aristokratin, wurde „Eurokrat" und wirkt nun, in die Jahre gekommen, als Bildhauer und Novellist. Zum diesjährigen sechzigjährigen Jubiläum unseres Diploms der Bologneser „Università americana" (Bologna Center der Johns-Hopkins-Universität) werde ich wohl nicht nach Bologna reisen. Für die wunderbar „nachhaltigen" internationalen Freundschaften aber, die mir diese Studienzeit geschenkt hat, werde ich dem Schicksal dankbar sein, solange ich lebe.

Donnerstag, den 12.12.2024

Nach seinen Brüdern Konstantin und Benedikt wird nun auch Ferdinand, der jüngste Sohn meines Sohnes Adrian mit seinem Großvater „kochen" oder doch wenigstens dem Mittagessen den letzten Schliff geben…Zwar bin ich stets dankbar, wenn ich mich an einen gedeckten Tisch setzen kann (wie ich dies eigentlich bis Christinas Tod mein ganzes Leben lang konnte). Es ist aber auch schön, für jemanden sorgen zu können, der sich darauf freut. Und das ist bei Ferdinand der Fall, der als „Benjamin" warten musste, bis die Reihe an ihm war. Mit dem Übergang von der Grundschule aufs

Gymnasium nämlich waren seine Brüder vom traditionellen „Einmal-in-der-Woche-bei-Opa-und-Christina-Mittagstisch" emanzipiert und der jeweils vom Lebensalter her Nächstfolgende übernahm. Ich bin dankbar, diese Tradition nun noch eine Weile fortsetzen zu können, wenn dies auch für mich unerfahrenen Koch eine Herausforderung bedeutet. Aber bekanntlich wächst man ja mit seinen Aufgaben…

Das für das „gemeinsame Kochen" mit dem Enkel Gesagte gilt auch für den „Kaffee und Kuchen" für den Baumschneider. Als Teetrinker musste ich das erst lernen. Aber auch dies ist für mich eine „Ehrensache" und trotz der Mühe bin ich im Grunde dankbar, mich in dieser selbstauferlegten Pflicht zu wissen. In der Münchner U-Bahn las ich vor Jahren (wohl auf dem Werbeplakat für eine gemeinnützige Organisation) den Satz: „Die Menschen, die wir unterstützen, sind uns eine Stütze". Ein wahres Wort, das freilich nicht für einen Jeden und auch nicht in jeder Lebenslage Gültigkeit beanspruchen mag.

Freitag, den 13.12.2024

Wer im fortgeschrittenen Alter (beim Autor dieses Stundenbuchs sind es nun sechsundachtzig Jahre, die er „hienieden" weilt) auf sein Leben zurückblickt, wird zumeist nicht nur Grund zu Freude und Dankbarkeit haben. Außer der Erinnerung an emotionale, soziale und materielle Höhen und Tiefen wird ein solcher Rückblick wohl auch selten ganz frei sein von Selbstzweifeln oder Selbstkritik – dem Bedauern also, in diesem und jenem Falle nicht anders, angemessener, stimmiger gehandelt oder reagiert zu haben. Von „des Gedankens Blässe" nicht völlig Unangekränkelte werden dann wohl auch das – je nach ethischer Sozialisation und Herzensbildung mehr oder minder starke – Bedürfnis haben, wenigstens das jetzt noch Korrigierbare zu korrigieren. Und dies möglicherweise ohne eine Verstärkung solcher Impulse durch das seit dem frühen Mittelalter von Kirchenvätern wie Papst Gregor dem Großen und Thomas von Aquin vertretene, später von der Reformation aufgegebene und von der Aufklärung verdrängte Narrativ vom läuternden „Fegefeuer", dem die reuigen Seelen im Jenseits unterworfen werden, ehe sie in hehrere Gefilde aufsteigen.

Wer – sei es nun aufgrund religiöser Sozialisation und Glaubensüberzeugung, sei es aufgrund höchstpersönlicher Charakterprägung – das Bedürfnis zu Selbstkorrektur(en) empfindet, wird für jede Gelegenheit hierfür – und für jeden möglichen Schritt in diese Richtung dankbar sein. Der Autor dieses Stundenbuchs jedenfalls war dankbar, über seine entsprechende Agenda nachdenken und feststellen zu können, dass einige Punkte auf der To-do-Liste bereits „abgearbeitet" waren.

Samstag, den 14.12.2024
Auch das kann es manchmal geben – Dankbarkeitspausen, Gemütszustände, in denen es schwerfällt – sei es nun emotional oder kognitiv – sich auf den Dankbarkeitspfad zu begeben. Dieser Samstag, vor dem dritten Advent, war ein solcher Tag – ein Tag, an dem ich mich auf der Suche nach Wärme in die Sauna flüchtete. Ob-

wohl mir dies zunächst kaum möglich erschien, bewirkte sie aber auch diesmal wieder eine seelische Umstimmung. Und als ich das Greifenberger Fittness Center verließ, war ich voll der Dankbarkeit, dass ich diesen Gang trotz meiner angeschlagenen Gesundheit noch bewältigen konnte. Und dies umso mehr, als ich dann auch noch den Weg zu dem versäumt geglaubten günstigen „Weihnachtsabonnement" offen fand. Kleinigkeiten, die dennoch die Stimmung heben können.

Ein sehr gut gemachter Dokumentarfilm auf „Arte" über Shakespeare versöhnte mich nach den Abendnachrichten mit dem sehr gesunkenen Niveau der üblichen Fernsehunterhaltung. Dass es diesen Kultursender gibt, ist eine Tröstung. Danke, Kulturpolitiker!

Sonntag, den 15.12.2024
Wie so oft in letzter Zeit fiel es mir auch heute schwer, beim Aufwachen den üblichen trüben Gedanken zu entrinnen oder auch nur aus dem Bett zu kommen. Auch das Frühstück verlief eher lustlos. Was mir fehlte, war ein liebevoller Anruf oder dergleichen.

Erst das Abzahlen von Mail Schulden verschaffte dann einige Erleichterung. Und dann kam das unterbewusst Ersehnte – die Einladung meines Sohnes zum Mittagessen. Es gab Seelachs und Kartoffel-Gemüse-Gulasch. Das Köstlichste aber war die Gesellschaft seiner fünfköpfigen Familie. Schon ehe Konstantin, mein ältester Enkel, mir Holz für den Kachelofen brachte und mich zum Essen abholte hatte Tertia aus Berlin angerufen. Kurzum: Meine depressiven Anwandlungen wurden – fast auf Bestellung – in Freude verwandelt. Wahrlich ein Grund für Dankbarkeit, wenn man sich „erhört" fühlen darf.

Für den Nachmittag hatte ich ohnehin ein dankenswertes Ereignis zu erwarten – den Besuch meines früheren Habilitanden K. P. Merk, der seit geraumer Zeit als Professor an der Universität Koblenz wirkt. Er kam mit seiner (von Christina besonders geschätzten) Frau Birgid, besuchte mit mir Christinas Grab, brachte die von Christina so geliebten weißen Christrosen und alles war gut. Anschließend wärmten wir uns dann in der Seepost bei Ingwertee und Apfelküchlein auf und schlenderten über den Weihnachtsmarkt. Einen würdevollen Abschluss fand dieser dankenswerte Tag mit einem Besuch in der St. Jakobskirche, wo wir als Gäste!! das dritte Adventslicht entzündeten und die Atmosphäre genossen. Danke, danke, danke! Zuweilen werden Gebete eben doch erhört!

Montag, den 16.12.2024
In Schondorf ist heute ein „normaler Tag" mit Frau Kunerts Lunch und Gesellschaft als wärmendes „Highlight".

Im Übrigen aber war es mein 60. Hochzeitstag. Geheiratet hatte ich Dorothee am 16.12.1964 in Grado. Nie vergessen werde ich die trikolore Bauchbinde des Gradeser Bürgermeisters, der uns standesamtlich traute. Da die Geburt unserer ersten Tochter Marina für Januar erwartet wurde, wollten wir dem Kind noch einen „ehrlichen Namen" geben. Die kirchliche Trauung erfolgte dann erst in der Woche vor Ostern. Ich war zu der Trauung aus Bologna gekommen, wo ich am Bo-

logna Center der Johns Hopkins University das Diplom
für „International Law and Politics" erwerben wollte,
während Dorothee in der Gradeser Wohnung am Meer
ihr Kind erwartete und an der Übersetzung des Hobbes'schen „Leviathan" arbeitete, die sich bis heute auf
dem Buchmarkt behaupten konnte. Eine bunte Zeit, für
die ich im Nachhinein dankbar bin, obwohl es auch
damals nicht ohne Turbulenzen abging. Der örtliche
Monsignore hatte uns unsere Trauzeugin abspenstig
gemacht, weil wir säkular heirateten und die Kirche dies
ungern sah. In Italien nämlich erfolgte damals die Ehe-
schließung in der Kirche, während der säkulare Akt
dann nur noch als Formalie in der Sakristei erledigt
wurde. Andere Länder, andere Sitten, andere Zeiten...

Dienstag, den 17.12.2024
Für 12:00 Uhr hatte sich der Schondorfer Bürgermeis-
ter angekündigt, um Dorothee und mir zur „Diamante-
nen Hochzeit" zu gratulieren und einen Geschenkkorb
zu übergeben. Wer unsere Familienverhältnisse kennt,
wird dies wohl als echte Kuriosität empfinden. Immerhin war Dorothee bereit, aus der Seestraße 29 zum See-
berg 13 zu kommen, sodass wir den Gratulanten ge-
meinsam empfangen konnten.

Wie immer man darüber denken mag: Dass Derartiges nach 32 Jahren Getrennt-Lebens noch möglich war
und das einst (am 16.12.1964) im Gradeser Dom (wenn
auch auf Italienisch) geforderte und gelobte „Bis dass
der Tod Euch scheidet" nach sechzig Jahren noch einen, wenn auch lockeren, Bestand zu haben scheint, ist
doch auch ein dankenswertes Wunder. Der oft (und

nicht selten zu Recht) gerügte Zugriff der katholischen Sozialisation hatte – zumindest beim Stundenbuch-Schreiber – eine „heilige Scheu" bewirkt, dieses Gelöbnis zu brechen. Und dies, obwohl er im Alltag und im Hinblick auf die Riten kaum mehr einen Einfluss auf mein Verhalten ausübt.

Am Nachmittag „durfte" ich wieder den Gesprächskreis für Senioren im Uttinger Bürgertreff moderieren. Die Teilnehmerzahl war zwar denkbar gering, was dem Vorweihnachtsstress vieler potentieller Teilnehmer geschuldet gewesen sein mag. Und dies, obwohl zumindest ich die angekündigte Thematik (Achtung und Selbstachtung) attraktiv fand. Zu meiner Freude kamen dann aber unter anderem zwei Interessenten, die sehr gebildet waren und sich lebhaft in das Gespräch einbrachten – ein Astrologe und eine Lehrerin. Das Gespräch geriet dann „vom Hundertsten zum Tausendsten". Dass sich der Astrologe dann am Ende begeistert äußerte, erfüllte den auf ständiger (auch über meine Gesprächsführung) Sinnsuche für sein Noch-Dasein befindlichen Stundenbuch-Schreiber mit „gelinder" Dankbarkeit.

Mittwoch, den 18.12.2024
Die Physiotherapie-Stunden mit Frau F., die heute wieder da war, sind auch eine Tröstung für die ich dankbar bin. Nach der chinesischen Astrologie ist sie (wie Christina es war) ebenfalls „Schwein". Entsprechend groß ist die altbekannte Affinität des „Tigers" zu ihr. Sie lindert nicht nur körperliche Verspannungen, sondern oft genug auch seelische. Ihre Bekanntschaft habe ich Chris-

tina zu verdanken, die sie – durch Vermittlung einer Nachbarin – „entdeckte". Kein Wunder also. Und beglückend ist auch, dass ich sie sowohl unserer langjährigen Heilpraktikerin, Frau E. als auch Dorothee empfehlen konnte, die nun ihrerseits über die Empfehlung sehr glücklich sind. Welches Glück doch solche aktiven Verbindungen bedeuten können, verstehe ich heute noch besser als früher. Klänge es nicht vermessen, würde ich sagen, dass diese Art von Verknüpfung etwas Göttliches in sich trägt. Danken wir nicht auch zu Recht dem „Himmel" oder sagen „Gott-sei-Dank", dass wir diese und jene Begegnung oder Verbindung erfahren dürfen. Davon, dass Menschen, die sich „mit Erfolg" begegnen, dieses Erlebnis wahrscheinlich nur erfahren dürfen, weil zahlreiche, wenn nicht unzählige Vorbedingungen erfüllt sind, deren sie sich überhaupt nicht bewusst sind, wird man wohl ausgehen müssen. Deshalb ist auch jedes echte Liebes- oder Freundschaftserlebnis ein großes „Wunder".

Donnerstag, den 19.12.2024
Für diesen Donnerstag hatte sich in München der Ökologe und Kommunikationsphilosoph Dr. Witzany aus Salzburg angesagt, um mir das von ihm herausgegebene Buch „Klein sein oder Nicht sein" zu übergeben, das die Beiträge von Erwin Chargaff, Leopold Kohr, Robert Jungk und mir bündelt, die wir 1991 auf einer Tagung am Großvenediger geleistet hatten. Ich war natürlich für diese ungewöhnlich späte Erinnerung dankbar. Das Buch erschien jetzt, 2024, nach dreiunddreißig Jahren im österreichischen Tauriska-Verlag, dem die

Vorträge und Diskussionsbeiträge offenbar nach einer so langen Zeit noch immer aktuell erschienen! Ein Grund zur Dankbarkeit also, auch wenn sich meine Autoren-Eitelkeit nur noch in engen Grenzen bewegt.

Schön war das Gespräch im wieder erstandenen Paradiso, wohin ich den Herausgeber eingeladen hatte. Witzany hielt mir einen Vortrag über seine – sich von der mechanistischen Sender-Empfänger-Kommunikationstheorie des 19. Jahrhunderts scharf abgrenzende Kommunikationsphilosophie, die mich sehr an die Wohlleb-Erkenntnisse über die Kommunikation zwischen Bäumen erinnerte, der wohl aus ähnlichen Quellen schöpft(e). Mir jedenfalls leuchtete Witzanys Theorie sehr ein, über die er sich eigentlich bei dem Kollegen Vossenkuhl habilitieren wollte, was aber offenbar an bürokratischen Hürden scheiterte.

Dankbar war ich auch, dass sich im Lauf des Gesprächs herausstellte, dass wir Beide zu Dr. Heringer, dem früheren Leiter der Naturschutzakademie in Laufen freundschaftliche Kontakte pflegten. An Heringer hatte ich am Vormittag gerade einen (Weihnachts-)Brief diktiert.

Dankbar bin ich im Übrigen auch, dass sich wohl wieder am 05.01.2025 die „Dreikönigsrunde" in Dießen treffen wird. Es gab bereits etliche Zusagen. Die Dreikönigsrunde, zu der sich seit vielen Jahren der „harte Kern" meiner früheren Mitarbeiter und Mitarbeiterinnen sowie Habilitanden und einigen Doktoranden und Doktorandinnen am Ammersee versammelte, gehörte auch für Christina und mich zu den gesellschaftlichen Höhepunkten des Jahres. Zumeist begannen wir mit einem Spaziergang zu einem der regionalen Anziehungspunkte (Marienmünster in Dießen, Kloster Polling mit Wanderung ab Weilheim, Wesslinger See bei Eisgang, Kloster Andechs, „Seeblick"-Ausstellung in der Klostergalerie St. Ottilien etc.), kehrten dann zum Mittagessen irgendwo ein und ließen das Ganze ab Spätnachmittag am Schondorfer Kaminfeuer ausklingen…Ein schöner Nachhall dies zu den sozialen Aspekten meiner beruflichen Laufbahn, der auch von den vertrauten „Schülern" und „Schülerinnen", die zum Teil inzwischen zu Freunden geworden waren, stets dankbar begrüßt wurde, zumal sich nach und nach auch deren Partner und Partnerinnen dazugesellten.

Freitag, den 20.12.2024
Vor der mit Freude erwarteten Reise zu Lucius' Familie hatte ich mir noch einen Saunabesuch im Greifenberger Fitness-Studio verordnet und war überaus froh, dieses somasematische Reinigungs- und Entspannungsritual noch problemlos genießen zu können.

Dreißig Jahre lang war der ebenso praktisch veranlagte wie tüchtige Russland-Deutsche E. B. mir eine unentbehrliche Hilfe, um den großen Garten mit den vielen Wegen, Beeten, Bäumen und Brunnen in Ordnung zu halten, während seine Frau von Zeit zu Zeit mit Räum- und Näharbeiten (zu denen meine sonst so perfekte Lebensgefährtin keine Affinität hatte) auszuhelfen. Nun, da das Alter ihm zusetzt, blieb doch die Verbundenheit und Dankbarkeit für all dies als Ad-hoc-Team im Garten Gestaltete und Geleistete. Zu den

Ritualen dieser Verbundenheit gehören auch die Weihnachtsbesuche.

Heute kam das Ehepaar wieder aus diesem Anlass und wir tranken zusammen einen Aperitif. Das Gespräch richtete sich dann wie von ungefähr auf den mein Leben so stark verändernden Tod meiner Lebensgefährtin, auf den mutmaßlichen Sinn des Weiterlebens und auf das seelisch noch zu Erledigende. Zu meiner großen Überraschung erwies sich die der Orthodoxie nahestehende Frau B. als eine derart weise Gesprächspartnerin und Ratgeberin, dass ich von einem tiefen Gefühl der Dankbarkeit erfüllt war als die Beiden mich nach einer guten Stunde wieder verließen. Das Gespräch hatte sich auf das bei vielen Menschen im Alter wachsende Bedürfnis nach Abbau seelischer Altlasten gedreht, wozu sie hilfreiche Anregungen geben konnte.

Um Altlasten ganz anderer Art ging es bei einem Gespräch mit meinem Sohn Adrian, mit dem ich lästigen „Papierkram" (Denkmal-Zuschuss-Anträge und diverse Abrechnungen) abschließen konnte. Welch' eine Wohltat, wenigstens ab und an hilfreiche Kinder zu haben!

Samstag, den 21.12.2024
Der erste Anruf des Tages galt dem Bildhauer R. K., den mir die so hilfreiche Brückenfee Andrea Birner als potentiellen Küchen- und Tischgenossen zugeführt hatte. Da er gerade einen schweren gesundheitlichen Einbruch erlitten hatte, wollte ich versuchen, ihm einiges Tröstliche und Zuversichtliche zu sagen. Dass mein (auf einen OP-Termin wartende Gesprächspartner diesen Anruf dann als „Höhepunkt des Tages schon am

Morgen" bezeichnete, empfang ich als sehr bewegend. Zu seiner – offenbar einem tiefen Gefühl besorgter Einsamkeit entwachsender – Dankbarkeit für diesen Akt mitmenschlicher Zuwendung gesellte sich die meine, diesen Impuls ausgelöst zu haben. Wieder einmal bestätigte sich die Richtigkeit der alten Wahrheit, dass die Menschen, die wir stützen, auch uns eine Stütze sind. Aber vielleicht auch Marie von Ebner-Eschenbachs Erfahrung, dass Menschen für nichts so dankbar seien als für Dankbarkeit…

Auf den (nun auch für mich) „Höhepunkt am Morgen" folgte auch noch ein „Höhepunkt am Mittag" – die Einladung von meiner am See getrennt lebenden Ehefrau Dorothee nämlich zu einem köstlich zubereiteten Kabeljau-Mahl, das dann auch noch von einem köstlichen Weinbeeren-Nachtisch aus dem gemeinschaftlichen Geschenkkorb gekrönt wurde und reichlich Gelegenheit bot, „dankbare Erinnerungen" aus unserem immerhin dreißigjährigen Zusammenleben aufzufrischen. Welch' unschätzbarer Wert doch in der Gemeinsamkeit „alter Erinnerungen" liegt, die man nur mit einem oder ganz wenigen Menschen teilen kann.

Sonntag, den 22.12.2024
Der Koffer war schon seit gestern gepackt. Was anstand, war die Zugreise zu meinem Sohn Lucius, der Christina und mich bereits 2023 eingeladen hatte, in diesem Jahr die Weihnachtstage bei ihm zu verbringen. Als Alternative zu einer sonst eher einsamen Weihnachtszeit ohne Christina schon ein Grund für sich zu Dankbarkeit! Und die Modalitäten dieser Reise boten

zusätzlichen Grund zur Dankbarkeit. Adrian nämlich, der Ältere, hatte darauf bestanden, mich zum ICE nach Augsburg zu bringen, und Lucius, der Jüngere, wollte mich in Frankfurt abholen und dann zu seinem Wohnort, dem ehemaligen Hugenotten-Städtchen Friedrichsdorf-Köppern zu kutschieren. Dass Lucius (wie seine vier Geschwister) die umweltfreundliche Erziehung, die sie in der Familie erfahren hatten, in seinen Beruf und in seine nunmehrige eigene Familie hineingetragen hatte, war schon in sich ein weiterer Grund zu Dankbarkeit. Als Mitarbeiter der GIZ war und ist er international als Förderer umweltfreundlicher Techniken und Energieerzeugungsformen im Einsatz. Indem er mich mit seinem Elektroauto abholte dokumentierte er dies auf sinnfällige Weise. Amüsiert, aber auch dankbar erinnerte ich mich an das launige Gedicht von Erich Kästner „Das Klassentreffen", wo es unter anderem (und eher spöttisch) heißt: „Und zeugten Kinder ihrer Art"…

Der warme, vorweihnachtliche Empfang im Köpperner Haus der vierköpfigen Familie bereitete der – auch sonst „wie am Schnürchen" verlaufenen Reise – einen angenehmen Abschluss. Gekrönt wurde der noch durch eine kulinarische Köstlichkeit – eine besonders lecker und auch optisch attraktive Kürbis-Qiche. Zum Anbeißen! Dankbar konnte ich mich am Abend in die Obhut des warmen, weichen Federbetts begeben.

Montag, den 23.12.2024
Beim Erwachen konnte ich die detailgetreue Anlage der „Vierschanzen-Tournee" samt Hintergrundgemälde

bewundern, die mein Enkelsohn Titus, der ein anthroposophisches Gymnasium besucht, mit großer Geduld und Intensität gebastelt hatte. Ich freue mich über seine gestalterische Fantasie – und sehe ihn (ganz der zielstrebige „Tiger" des chinesischen Horoskops, der auch er – wie sein Cousin Konstantin und sein Großvater – ist, bereits als Architekturstudenten. Früh krümmt sich ja bekanntlich, was ein Häkchen werden soll…

Um den vorweihnachtlichen Vorbereitungen nicht im Wege zu sein und meinen (leider nurmehr schwach ausgeprägten) Bewegungsdrang auf die Sprünge zu helfen, unternahm ich bei Temperaturen um den Nullpunkt einen Spaziergang zu einer nahen, an einen weitläufigen Urnenfriedhof anschließenden Grünanlage. Wie von Ungefähr komme ich dabei mit einer Reihe von anderen Besuchern der Anlage ins Gespräch. Wieder einmal fällt mir auf, wie offen und leutselig die Hessen sich in der Regel präsentieren – ganz im Gegenteil zu den meisten Menschen in Bayern, das mir nun seit weit mehr als einem halben Jahrhundert zur Wahlheimat geworden ist. Eine Erfahrung dies, die ich bereits in meiner Mainzer Assistentenzeit am Ausgang der sechziger Jahre im Hinblick auf die Rhein-Pfälzer machen konnte und nun wieder für die ihnen benachbarten Hessen bestätigt finde. Nicht in jeder Lebensphase war ich für diese Offenheit und Leutseligkeit meiner Mitwelt dankbar – nun aber doch.

Ein Wunsch wurde mir auch am Nachmittag mit einem Ausflug in die nahe Kreisstadt Bad Homburg erfüllt, die ich schon lange kennenlernen wollte. Ein Spaziergang durch die Altstadt und zum Residenzschloss der einstigen hessischen Landesherren bot zahlreiche reizvolle An- und Einsichten. Dass mein Vater einst einen „Homburger" Hut trug, der wohl in den Hoch-Zeiten des für seine zahlreichen heilkräftigen Quellen bekannten (insbesondere gründerzeitlichen) Kurorts in Mode kam, konnte ich „meinen Kindern" zu deren Amusement erzählen. Dafür, dass nicht nur frühere Größen der deutschen Politik (wie unter anderem Kaiser Wilhelm II.) hier kurten, sondern unter anderem auch das thailändische Königshaus, zeugt unter anderem ein prächtiger thailändischer Tempel, der die weitläufigen Parkanlagen ziert.

Da es sich an diesem Vorweihnachtstag als äußerst schwierig erwies, ein offenes Café zu finden und wir schließlich in der Fußgängerzone nur noch mit „knapper Not" einen Platz fanden, waren wir froh, uns dort etwas aufwärmen zu können.

Dienstag, den 24.12.2024
Heiliger Abend! Wer kennt nicht die freudige Spannung, die diesen Tag zu begleiten pflegt. Besonders groß war diese freudige Spannung bei meiner Enkeltochter Lilia, die am Nachmittag bei einem Krippenspiel in der evangelischen Pfarrkirche von Köppern eine Hirtin spielen und auch als Ansagerin tätig werden sollte. Bis ihr Gewand „saß" gab es aufregende Minuten…Beim Spiel selbst allerdings spielte sie ihre Rolle mühelos, worüber die Eltern wohl besonders erleichtert waren, während der Großvater während des nur mäßig ansprechenden Krippenspiels mit Wohlgefallen das aus dem 18. Jahrhundert stammende Interieur des frühklas-

sizistischen Baus zur Kenntnis nahm. Der dort traditionelle Après-Umtrunk im Kühlen und Freien ließ dann wiederum die Rückkehr an den „heimischen Herd" zum dankbar empfundenen Akt werden. Und dies umso mehr, als *auf* beziehungsweise *in* dem besagten Herd schon bald das Festmahl garte, das unter anderem aus einer mit einer dicken Salzkruste überzogene Dorade bestand. Dass diese Salzschicht so hart war, dass sie ihr köstliches Inneres erst freigab, als man ihr mit einem Hammer zu Leibe rückte, gehörte zu den Begleit-Sensationen des Mahles, das im Übrigen mit viel Kerzenlicht am wohlgestalten Christbaum und auf dem Tisch begleitet wurde. Eine wunderschöne Weihnachtsatmosphäre, für die man nur dankbar sein konnte. Sie in konzentrierter Erinnerung zu behalten war umso wichtiger, als der nachfolgenden Bescherung wohl in fast allen Familien eine etwas dissoziative Tendenz innewohnt, da Herz und Auge angesichts der heutigen Opulenz nicht so recht wissen, wo sie eigentlich zur Ruhe kommen sollen. Die Nacht zum eigentlichen Christfest wird so zu einem willkommenen Fluchtort für die freudig aufgeschäumten jugendlichen Gemüter, während die älteren Semester im Rückblick auf eine lange Reihe ähnlicher Erlebnisse sich gelassener gebärden können…

Mittwoch, den 25.12.2024
Nach einem „levitierten Frühstück", wie mein Vater gesagt hätte (das heißt also, einem besonders üppigen) machten wir uns für die Fahrt nach Lauterbach bereit, da für die nächsten Tage ein Besuch bei Lucius'

Schwiegereltern eingeplant war, die in Maar einen Rest-hof mit viel Geschmack und Geschick zu einem kulturellen Anziehungspunkt ausbauen. Bei den „Gegenschwägern" eingeladen zu sein, bedeutet in diesem Falle Rundumbetreuung und Vollversorgung, was mich als Derartiges zuhause nicht mehr erfahrender Zwangs-Single natürlich mit Dankbarkeit gegenüber dem so gastfreundlichen Hause erfüllen musste.

Donnerstag, den 26.12.2024
Heute stand ein Ausflug nach Lauterbach, einem hübschen Landstädtchen, dem das circa drei Kilometer entfernte Dorf Maar politisch eingemeindet ist, auf dem Programm. Für und in Lauterbach spielte das Adelsgeschlecht der Riedesel, Freiherren von Eisenbach und Erbmarschälle von Hessen-Kassel und Hessen-Darmstadt jahrhundertelang eine beherrschende Rolle. Auch heute noch steht dort ein Stadtschloss der Familie. Das malerisch an der Lauter gelegene Städtchen hat aber auch ein schmuckes, zumindest nach außen hin wohlrestauriertes Altstadtviertel aufzuweisen. Es zu durchstreifen, war eine Augenweide, zumal sich unser Gastgeber und meine Schwiegertochter Anne als ortskundige Ciceroni erwiesen. Wie der Ausflug nach Bad Homburg auch dies eines jener „kleinen Glücke", von denen ich in meinem Herder-Buch zur Glücksthematik geschrieben hatte.

Freitag, den 27.12.2024
Im Bewusstsein, schöne, runde, in familiärer Atmosphäre geborgene Weihnachtstage verbracht zu haben

und damit der gerade für diese erinnerungsträchtige Zeit so schmerzhaften Einsamkeit „für diesmal" entkommen zu sein, konnte ich mich nunmehr dankbar und zufrieden auf meinen reservierten ICE-Platz begeben. Lucius und sein Schwiegervater hatten mich noch nach Fulda gebracht, das mir als gelegentlicher Tagungsort des „Kuratoriums Mehr Demokratie", dem ich seit Langem angehöre, aber auch als Vortragsort vertraut war. Bei Eröffnung der ersten in Fulda stattgefundenen hessischen Landesgartenschau hatte ich hier auf Einladung der Stadt einen Vortrag zur Geschichte der mittelalterlichen Gärten gehalten – ein Ereignis, das mir jetzt wieder bildhaft vor Augen stand. Normalerweise wärmt mich die Erinnerung an frühere Erfolgserlebnisse nicht, weil ich stets schon auf dem Anflug zur nächsten Aufgabenerfüllung war und bin. Selbst heute, da nun alles zwangsläufig einen langsameren Gang geht, hat sich da wenig geändert. Das Bewusstsein freilich, im Leben etwas geleistet zu haben, nicht (wie es in Bayern heißt) „auf der Brennsupp'n dahergeschwommen" zu sein, ist aber doch ein angenehmes Momentum, für das ich ab und an dankbar bin.

Dankbar aber war ich nun wieder für die Aussicht, von meinem Sohn Adrian in Augsburg abgeholt zu werden. Welches Glück, von solchen – wenigstens punktuell – derart hilfreichen Söhne im Leben begleitet zu werden!

Musste ich das schwer zu tragende Leid des Partnerverlusts erfahren, um *diese* Dankbarkeit mit besonderer Intensität erfahren zu dürfen? Gerade dieser jähe Verlust der Lebensgefährtin hat mir jedenfalls auch noch etwas Anderes gezeigt – dass die leibhaftige Existenz gerade auch der uns am Nächsten stehenden Bezugspersonen alles andere als selbstverständlich ist. Genau davon aber gehen wir zumeist aus und glauben dann auch noch, uns über dieses oder jenes nicht (ganz) Stimmige beklagen zu müssen, statt intensiver an der Begradigung von Schrägem zu arbeiten und im Übrigen dankbar dafür zu sein, überhaupt an einer solchen mitmenschlichen Baustelle arbeiten zu dürfen! Gibt es diese einem nahe stehenden Bezugspersonen nicht mehr, bleibt nur noch die Erinnerung. Die Chance aber, noch zu Korrigierendes korrigieren zu können, ist dann entschwunden. Die Konsequenz aus dieser Tatsache ist, dass wir recht eigentlich allen Grund haben, Dankbarkeit zu einer unser ganzes Leben tragenden Grundlage unseres Bewusstseins zu machen.

Samstag, den 28.12.2024
Zu meiner Freude sind nun auch noch meine Tochter Tertia und meine beiden Enkeltöchter Anouk und Malou für ein verlängertes Wochenende aus Berlin nach Schondorf gekommen. Tertia, einst zunächst für mich das „lichte Kind", dann in der Pubertät das „schwarze Schaf", hat sich seit Jahrzehnten zu einer ihren Lebensweg beständig gelassen meisternden Persönlichkeit entwickelt, die mir stets eine einfühlsame und lebenskluge Gesprächspartnerin und Ratgeberin geworden ist. Wie sollte man für eine solche Erfahrung nicht dankbar sein! Blutsverwandtschaft bietet ja keineswegs die Gewähr für Seelenverwandtschaft oder auch nur emotionale Nähe – eine Erfahrung, die wenigen Menschen

erspart bleibt. Wie wunderbar, wenn in der Küche jemand das Zepter ergreift, der dies „mit Sinn und Verstand" tun kann. Und wie wohltuend, wenn – gerade an einer Jahreswende – Familienprobleme wenigstens gedanklich in eine gute Ordnung gebracht werden können. Den Wahrheitsgehalt von Hegels Diktum „Ist das Reich der Vorstellungen erst verändert, kann die Wirklichkeit nicht lange standhalten" in einem lebensfördernden Sinne zu testen, bieten sich Zeiten, in denen sich Anfang und Ende direkt begegnen, in besonderem Maße an. Wie schön, dass jedem vielleicht auch noch so schmerzlichen Ende ein neuer Anfang folgen kann, denn: „Jedem Anfang wohnt ein Zauber inne, der…uns hilft zu leben", wie es in Hermann Hesses berühmtem „Stufengedicht" so treffend heißt. Dass ich selbst nach meinem so schmerzlichen Partnerverlust diesen Zauber bislang nur in Form gelegentlicher „kleiner Tröstungen" erfahre, ändert nichts an der Treffsicherheit dieses Gedankens. Letztlich ist es wohl auch die Hoffnung, dass Hesses Einsicht auch für den „Anfang" im Jenseits eine Richtigkeit hat, die zahllose Menschen mit ihrer Sterblichkeit versöhnt. Und dies umso mehr, wenn der Abstand zwischen dem Ende und dem Anfang nur wenige Augenblicke währt. Solange ich atmen kann, werde ich dankbar dafür sein, dass dies sowohl bei meiner geliebten Stiefmutter als auch bei meiner Lebensgefährtin der Fall sein durfte, die beide einen „Engeltod" gestorben sind. Und auch mich trägt die Hoffnung, wenn die Stunde schlägt, Ähnliches erfahren zu dürfen.

Dienstag, den 31.12.2024

Auch der Abschied von diesem für den Autor zum schmerzlichen Schicksalsjahr gewordenen Jahr 2024 gestaltete sich für ihn „kurz und schmerzlos". Da Tertia am Vormittag nach Berlin zurückreisen musste und ich keinerlei Anstalten für eine gesellige Verabschiedung des Jahres getroffen hatte, endete das Jahr für mich schon lange vor Mitternacht in Morpheus' Armen, aus denen mich auch die Verlockungen eines (wie mir tags darauf berichtet wurde) sehr anmutigen Feuerwerks über dem Ammersee und der unvermeidliche, angeblich dämonenabwehrende „Kanonendonner" nicht zu reißen vermochten. Und so war ich denn froh, die Feiertage überstanden zu haben ohne von den Dämonen der Einsamkeit allzu sehr geplagt zu werden.

Soweit der knappe Bericht über einunddreißig im steten Zustand der Dankbarkeit verbrachter Tage. Sollte jene vor Jahrzehnten besuchte Wahrsagerin recht behalten, so könnte dies auch die in Dankbarkeit erlebte Schlussphase meines Lebens gewesen sein. Und falls dies so sein sollte, so mag auch dies ebenso seine Richtigkeit haben wie das Gegenteil. Wie hieß es doch bei Mörike: „Herr schicke, was du willt…"Amen.

GPSR Compliance
The European Union's (EU) General Product Safety Regulation (GPSR) is a set
of rules that requires consumer products to be safe and our obligations to
ensure this.

If you have any concerns about our products, you can contact us on

ProductSafety@springernature.com

In case Publisher is established outside the EU, the EU authorized
representative is:

Springer Nature Customer Service Center GmbH
Europaplatz 3
69115 Heidelberg, Germany